本专著受到江西省社科项目"马克思人与自然关系的社会内涵与当代价值研究"(MXS1301)和"马克思资本主义生态批判思想及其当代价值研究"（14KS04）的资助

Makesi Ren Yu Ziran Guanxi De
Shehui Lishi Pipan Yanjiu

马克思人与自然关系的
社会历史批判研究

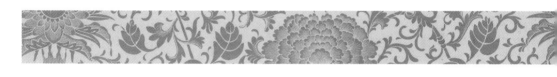

汪晓莺 著

中国社会科学出版社

图书在版编目（CIP）数据

马克思人与自然关系的社会历史批判研究／汪晓莺著 . —北京：
中国社会科学出版社，2016.12

ISBN 978 - 7 - 5161 - 9249 - 8

Ⅰ.①马…　Ⅱ.①汪…　Ⅲ.①马克思主义—历史观—
研究　Ⅳ.①A811.692

中国版本图书馆 CIP 数据核字（2016）第 266516 号

出 版 人	赵剑英
责任编辑	田　文
特约编辑	陈　琳
责任校对	张爱华
责任印制	王　超

出　　版	中国社会科学出版社
社　　址	北京鼓楼西大街甲 158 号
邮　　编	100720
网　　址	http://www.csspw.cn
发 行 部	010 - 84083685
门 市 部	010 - 84029450
经　　销	新华书店及其他书店

印　　刷	北京君升印刷有限公司
装　　订	廊坊市广阳区广增装订厂
版　　次	2016 年 12 月第 1 版
印　　次	2016 年 12 月第 1 次印刷

开　　本	710 × 1000　1/16
印　　张	11.5
插　　页	2
字　　数	200 千字
定　　价	45.00 元

提　　要

　　人与自然的关系问题是贯穿人类社会历史发展始终的一个不可忽视的问题。特别是随着工业化时代的发展，能源危机、核辐射危机、环保危机，气候异常、自然灾害频繁，人的生存日益受到威胁，人与自然的关系问题再一次成为当今重大的时代性课题。

　　本书从马克思文本中吸取思想资源，结合马克思思想发展史，从马克思的"现实的个人"、"人的现实世界"和"人的感性对象性活动"来说明马克思关于人与自然关系发生的历史前提、现实场域和历史基础。通过对马克思关于人与自然关系的历史生成的解读，指认马克思在社会历史领域中审视人与自然关系问题是马克思独特的理论视角，体现了马克思对人与自然关系所遭遇的社会历史困境给予的关注，以及批判视野由哲学批判向人的现实生活批判的转向。通过史论结合的方法，在历史语境中展现马克思把对自然的理解融入历史以及人的实践中去，从人的现实生活过程中去把握人与自然的关系，从而把人与自然关系推进到社会历史层面，有其独特的理论旨趣和批判指向。马克思正是在解密资本主义社会关系和人与自然关系状况之间的内在联结点中，首次破解了人与自然物关系遮蔽的人与人的社会关系的秘密。马克思在历史地分析劳动、资本和私有制内在逻辑关系的基础上，对资本主义社会关系进行了批判，论证了人与自然关系问题的解决是受社会关系状态制约的，并揭示出资本逻辑下物化的社会关系是导致人与自然关系恶化的社会根源。在此基础上，马克思辩证地展现社会变革中的人与自然关系问题，提出了消除人与自然关系困境的理想性社会维度和实现途径。

　　马克思把人与自然的关系和人与人的社会关系结合起来考虑，达到对社会现实生活世界的批判，为我们在人与自然关系问题上避免进行抽象与片面研究提供了理论参照，也为我们如何历史性地建构有利于人与自然和谐发展的社会关系提供了制度上的论证和理论指南。

关键词：马克思；人与自然关系；社会关系；资本；批判

目　　录

第一章　导言

人与自然的关系历来是永恒的话题，更是哲学的基本话题。随着人类改造自然的能力和手段不断地增强以及由此而引起的工业化进程的加快，全球生态环境问题日益突出并严重威胁着整个人类的生态与社会的持续发展，人与自然界长期存在的平衡关系遭到破坏，人类开始面临一系列的全球性生态环境问题。这些问题直接影响着人类的生存和发展。如何处理人与自然的关系问题又重新成为研究热点。

一　问题的提出及选题的意义

（一）现代自然观的理论困境

自然与社会的二元分割思想在现代社会实践中较为普遍地存在着，这种二元分割体现了现代社会对待自然的不同态度，形成了构成现代资本主义的核心价值观基础的两种完全不同的自然观，即无视自然先在性的人类中心主义和否定人的主体性的自然中心主义。

忽视自然必然性的人类中心主义，为满足人对利益的无止境争夺，以科学技术为手段，把主宰自然和征服自然当作人的终极目的。自然中心主义以自然为中心，为自然的存在而辩护，表现形式有为减少"破坏性"占有自然的温和绿色和平组织，也有采取了较为激进的"地球第一"运动。所以自然中心主义要么是部分的，要么是全面的非人类中心主义。很明显，他们都是以"二元论"为基础来区分自然与社会、人类与非人类的，并把二元中的一方或另一方预设为一种本体的、必然的力量，来作为实践活动的行为判断标准，这两种世界观各有其片面性。

根据美国学者麦茜特在《全球社会学》一书中的观点，他把人类对自然的方式和作用过程分为资产阶级社会之前的农业社会时期和以工业为基础的资本主义时期这两个阶段。在农业社会时期，人把自然当作是人的生存之源，人敬仰自然、崇拜自然，把它看作是有着无限力量并控制着人类命运的有灵之物。随着工业革命的兴起及其科学技术在生产中的运用，人们越来越认识到，自然不仅能够被人类认识、被改造和被利用，而且人还能控制自然使它为满足人的需要服务，自然观有了巨大的转变。同时，随着社会经济生活的资本化，受以获利为主要生产目标的功利主义影响，以个人主义为导向的工具理性成为人们极力推崇的价值观。在以自我为中心的自然观的支配下，人类从狭隘的利己主义的物质占有出发以极端竞争的方式来掠夺自然。

这种人对自然的现代性阶段是与资本主义的生产方式的建立和发展相伴而行的。面对自然界，人们以工具理性为认识基础和行为模式，以达到控制、征服、占有自然的目的。从近代的科技革命到工业革命，从冲破中世纪神学对人的禁锢到人的思想启蒙运动，以及哲学由本体论转向认识论，进而转向对人的现实生活世界的关注，直到今天的经济全球化趋势，无不体现着现代人的自然观或者说现代人对自然环境的态度就是这种工具理性主义。在这种自然观的支配下，现实的自然被商品化、资本化，强调主客二分的哲学。在强调人的主体性地位和人的主观意志的同时，进一步发展了人类中心主义特别是工业社会的个人功利主义价值观。在这样的价值观指导下，发展了经济主义、消费主义、享乐主义的生活方式，发展了科学主义的思想，以此产生了损害自然环境的科学技术和生产工艺。虽然在这种哲学思想指导下，人类实践取得了巨大的成就，建设了工业化和现代化的经济社会生活，但导致了人类社会乃至人与自然的生存危机。正如麦茜特在《自然之死》中指出的，这种自然观导致了"自然之死"："关于宇宙的万物有灵论和有机论观念的废除，构成了自然死亡——这是'科学革命'最深刻的影响。因为自然现在被看成是由死气沉沉、毫无主动精神的粒子组成的。全由外力而不是内在力量推动的系统，故此，机械论的框架本身也使自然的操纵合法化。进一步说，作为概念框架，机械论的秩序又把它与奠基于权力之上的与商业资本主义取向一致的价值框架联系在一起。"这种"机械论使自然实际上死亡了，把自然变成可随意操纵的、惰性的存在。——它最有影响力之处在于，它不仅用作统一对社会和宇宙秩序问题的一种回答，而且还用来为征服自然和统治自然辩护"。①

国外马克思主义者在对马克思主义自然观对解决生态危机的作用上，以及运用马克思主义自然观如何看待当代生态危机的根源上存有不同的偏差。自然主义思潮把马克思主义关于自然的著作或思想作为马克思主义思想体系中的中心内容来研究和理解；同时，把马克思思想中的"人化自然"观点放大，提倡对自然进行社会建构的建构主义趋向也非常明显。自然主义和建构主义主导着马克思以后的自然理论。近十年以来的生态学马克思主义力图突破这一状态，他们主张重新回到马克思，重新挖掘马克思自然观对于解决当前生态危机的现实意义。

可见，威胁着人类生存和发展的全球生态危机，体现了人与自然之间关系的对立与紧张，说明人的自然观念和行为模式出现了问题，要消除人与自然之间的对立与异化关系，如何重新树立正确的自然观，回归人与自然之间合理而协调的物质变换关系，是我们面临和迫切需要解决的问题。

（二）中国特色社会主义与环境的问题

当今生态问题在很大程度上是由人的活动引起的，生态问题根本上是现代人的活动方式与世界的关系问题，它直接关乎着人类的命运和使命问题。生态问题不是资本主义国家特有的问题，随着我国工业化进程的迈进，对资源的开发和利用，也造成了非常严重的环境问题和生态破坏问题，如果只是一般地谈论人与自然的统一性，人要与环境和谐共生，那还只是停留在形而上层面。我们现在面临的现实问题，如经济理性与生态理性之间的张力问题，经济发展目标评价的生态价值观问题，社会主义市场经济条件下利用与限制资本的生态伦理问题，生态文明建设中的技术使用及价值取向问题，在我们中国特色社会主义事业建设中如何在资本引进与环境安全之间寻找平衡点等问题，② 特

---

① ［美］卡洛琳·麦茜特：《自然之死》，吴国盛译，吉林人民出版社 1999 年版，第212—236 页。

② 汪晓莺、郭凯：《马克思"人与自然的物质变换"思想蕴涵及理论价值》，《江西社会科学》2011 年第 11 期。

别是在我们进行中国特色社会主义实践中，既要运用市场运行机制发展社会主义经济，又要考虑到市场与资本对环境安全和社会公平可能造成的负面影响；既要促进社会经济的发展，又要对全球性的生态危机做出回应。社会主义制度在解决生态问题能够发挥什么作用，如何发挥作用的问题，是一个根本性也是关键性问题，就是应该坚持什么样的原则、用一种什么样的价值观来指导我们处理人与自然、人与人的关系。为什么要用它作指导，如何指导，要弄清这些问题，必须对自然观、社会发展观等哲学问题进行重新反思。其中对马克思人与自然关系的社会历史内涵、理论旨趣和批判指向的再探寻，确认马克思人与自然关系思想在规范和评价当代社会实践中的作用与价值，并在上述研究中丰富和发展马克思人与自然关系思想，这不仅是一个理论问题，也是一个实践问题。以上是本人把马克思人与自然关系思想确定为博士论文选题的依据所在。

（三）选题的意义

本书基于经济全球化浪潮下人类在处理人与自然之间关系上的不当行为所引起的生态环境恶化的背景下，从马克思经典文本中吸取思想资源，从理论层面展开对马克思人与自然关系的社会历史境域的文本解读。这对我们科学地把握马克思人与自然关系思想的本真精神，澄清对马克思自然观的误解，批判不属于马克思人与自然思想的各种错误，以及从社会关系内部去找寻人与自然关系和谐的内在根据，彰显马克思人与自然关系思想在实践科学发展观、构建社会主义生态文明与和谐社会中的理论优势，具有重大的理论价值。

二　对国内外关于马克思人与自然关系思想研究现状评述

（一）国内研究现状评述

国内学者对马克思的自然观的解读、对马克思自然观研究的视角，以及在马克思自然观中的一些重要命题上有着较为深入且有启发意义的研究。

在对马克思自然观的生态解读上，有学者提出，马克思自然观中包含着一种深刻而现实的生态观。马克思以"对象性活动"为基础探讨人与自然的存在关系，并把这种关系推到社会历史的存在论层面，揭示出造成人与自然对立的资本根源。马克思生态观最终指向联合起来的生产者，通过最合理的调控社会与自然的物质变换，实现人与自然的共同解放。① 在生态问题与资本主义生产方式的关系问题上，有学者认为，马克思以历史变革的合理性及社会形态演变的必然性为批判视阈，在思考分析资本主义的历史局限性中提出生态问题，又通过生态问题来揭示资本主义历史必然性，在这种双向分析法中展现其内含的生态思想。② 有学者从生态危机问题出发，认证马克思提出的"自然界的真正复活"命题为解决生态危机问题提供了理论思路。认为克服"自然之死"的困境不仅仅是反对"机械自然观"或"恢复有机论"的问题，而是在克服生态危机中实现人的再生才能使自然界得以复活。③ 还有学者指出，马克思的自然观在处理人与自然的关系上，在肯定人的主体性的基础上，有诉诸人的伦理规范和约束的指向，并以此出发，提出探索体现生态共生，生态—社会可持续共在的伦理规制。④

可见，学者们对马克思自然观中的生态思想的观察点和看法各有侧重，但学者们对马克思自然观中的生态思想及其对克服当代生态危机问题所具有的理论与实践价值都是予以肯定的。都认为，马克思的自然观的核心在于不能离开资本主义生产方式来考察生态问题。

在从马克思哲学革命和批判角度来审视马克思的自然观方面，有学者认为，马克思哲学革命的实质在于，马克思以现实的人的实践取代了理性决定论，以历史生成论消解了本体还原论，以现实的人的解放超越了伦理拯救论，从而实现了由"解释世界"向"改造世界"的哲学革

① 徐文越：《自然的异化、物质变换与联合生产者——马克思生态观探析》，《湖北社会科学》2010 年第 3 期。

② 金延：《马克思：历史批判视阈中的生态问题反思》，《文史哲》2010 年第 1 期。

③ 曹孟勤：《论自然界的真正复活》，《烟台大学学报》（哲学社会科学版）2006 年第 1 期。

④ 杨珺：《生态共生的伦理规制——基于马克思自然观的分析》，《中共中央党校学报》2013 年第 8 期。

命。① 马克思主义理论本质上是改造世界和人的解放理论。② 并从马克思对形而上学批判和资本批判的现代性双重批判角度来分析马克思的自然观，认为马克思通过资本批判揭示了"自然的资本化"和"物质变换及其断裂"，由此来确认资本主义生产方式是通过形而上学与资本，在思想观念和社会建制两方面共同实现着对人和自然的控制和掠夺。③ 认为马克思以历史坐标和价值坐标，从生产方式特别是从资本逻辑出发，找寻人与自然关系问题的社会根源，是对自然中心主义和人类中心主义思想的超越。④

关于马克思自然观中的"自然"的概念，有学者分别从本体论、认识论和价值论三个维度阐述了本体论维度的自在自然；认识论维度的"人化自然"和价值论维度的作为"人的无机身体"的自然环境。认为马克思的人化的自然是对人与自然之间的对象性关系的概括；历史的自然是对历史与自然统一的概括⑤；在关于人与自然关系的现实基础方面，学者认为实践被马克思看作是人与自然关系的现实基础。⑥ 被马克思当作社会历史基本范畴的劳动，构成了人的现实生活基本内容，也是人与自然关系的生成的逻辑起点。

在马克思人与自然之间的物质变换思想与可持续发展之间的关系，特别是与生产力可持续性发展的关系上，有学者认为，马克思把物质生活资料的生产看作是人与自然之间关系的基础，人与自然之间的物质变换关系体现了生产力的本质内容，人和自然之间物质变换是否平衡直接关涉到生产力的可持续发展性，最终影响到生产力发展的动力源泉。⑦ 认为马克思把现代社会关系以及人与自然关系新陈代谢断裂的根源归咎

① 李成旺：《马克思哲学革命的文本学解读》，中国社会科学出版社 2011 年版，第 90 页。

② 边立新：《人的解放：马克思主义的真谛》，《科学社会主义》2013 年第 8 期。

③ 方锡良：《马克思自然观研究》，复旦大学博士学位论文，2011 年 1 月，第 2 页。

④ 何小勇：《马克思的人与自然关系理论与当代生态风险问题》，《西北人文科学评论》2011 年第 11 期。

⑤ 杨卫军：《马克思对抽象自然观的批判及当代意义》，《北方论丛》2008 年第 1 期。

⑥ 蔡成效：《人与世界关系的实践基础之沉思》，武汉大学博士学位论文，2004 年 7 月，第 3 页。

⑦ 温莲香：《马克思的物质变换理论与生产力可持续发展》，《湖北社会科学》2011 年第 10 期。

于资本主义制度，把扬弃资本主义私有制，建立"自由人联合体"共同占有生产资料的共产主义社会，作为实现社会关系"和解"和人与自然之间"和解"的内在机制和最终解答，这是马克思思想的旨趣所在。①

在对马克思必然王国与自由王国的理解上，有学者认为，马克思的必然王国是指自然必然性和社会必然性，自由王国是指人的自觉活动的主体性②；也有学者认为，必然性王国是指永恒的自然必然性王国和暂时的历史必然性王国；自然性王国是指"作为谋生手段的物质生产领域即历史必然性王国彼岸的自由王国"和"作为人类历史发展史前时期的必然王国结束以后进入的真正人类历史时期的自由王国。由必然王国走向自由王国是在一定的历史条件下进行的，预示着人类历史发展的总趋势，是没有终结的。"③ 认为马克思对自由的理解是建立在人的实践基础上的，体现在人与自然的、人与人的和人与人自身的三种关系中。④ 马克思自由观内含着自由与自然必然性和社会必然性之间双向限定维度，自由王国与必然王国的交互同一维度和纵向历史维度。⑤ 有学者把马克思的必然王国与自由王国看作是反映人类社会发展过程的历史性范畴，认为人从必然王国向自由王国的飞跃都是在人的具体的社会历史活动中进行的。所以，自由与自然必然性、自由与历史必然性的关系本质上是一个实践问题。⑥

（二）国外研究现状评述

从早期的西方马克思主义者开始，对马克思人与自然关系思想就有着卓有成效的研究和独到的见解。在卡奇看来："自然是一个社会范

---

① 刘仁胜：《马克思关于人与自然和谐发展的生态学论述》，《教学与研究》2006年第6期。
② 张一兵：《马克思"必然王国"向"自由王国"转换的理论真谛》，《哲学研究》1994年第1期。
③ 赵家祥：《必然王国与自由王国的含义及其关系》，《北京大学学报》2003年第3期。
④ 彭冰冰：《马克思自由观的三个环节与三个纬度》，《兰州学刊》2008年第6期。
⑤ 郭增花：《马克思自由观的三个维度》，《长春市委党校学报》2010年第12期。
⑥ 杨耕：《从必然王国向自由王国的转变与从片面的人向全面的人的发展》，《中国高校社会科学》2013年第5期。

畴。在任何特定的社会发展阶段上，无论什么被认为是自然的，那么这种自然是与人相关的，人所涉及的自然无论采取什么形式，也就是说，自然的形式，自然的内容，自然的范围和客观性总是被社会所决定的。"① 从这一思想出发，卢卡奇批判了恩格斯的自然辩证法。指出，在社会之外的自然不存在辩证运动，因而不存在所谓的自然辩证法。

葛兰西也认为，自然不是哲学意义上的形而上学的东西，而是人类社会历史实践活动的产物。柯尔施指出，不同的社会历史条件下，自然必然也显现出一定的社会历史特征。可见，他们在考察马克思人与自然关系思想时，着重强调的是马克思自然概念的社会历史性，这种在社会历史进程中把握自然的思想，为后来的法兰克福学派代表霍克海默、马尔库塞、哈尔马斯、施密特等在不同程度上承接和发挥。

霍克海默对"自然的社会化"问题进行了理论的阐述，把人活动其中的自然，看作是人类活动的产物，是社会性的存在，认为人的活动渗透于自然界的事物中。在这里，霍克海默所强调的是自然的人化和社会化。②

马尔库塞充分肯定了马克思把"自由自觉的活动"即劳动看作是改造自然的力量的观点，强调劳动不仅把自然纳入人的社会历史中，而且也使"人的自然性"在社会劳动中得到发展。并从这一层面上提出了以人的劳动为中介的人与自然的统一性问题，与马克思在《1844 年经济学哲学手稿》中提出的"历史是人的真正的自然史"这一论断是相互契合的。③

法兰克福学派中较有影响的学者施密特（Alfred Schmidt）在其《马克思的自然概念》一书中对马克思的自然的概念、人与自然的关系进行了较为深入和全面的研究，他明确地指出："把马克思的自然概念从一开始同其他种种自然观区别开来的东西，是马克思自然概念的社会——历史性质。"④ 强调不能从形而上学本体论的意义上来理解马克

---

① ［匈］卢卡奇：《历史和阶级意识》，商务印书馆 1992 年版，第 252 页。
② ［德］霍克海默：《批判理论》，重庆出版社 1989 年版，第 192—194 页。
③ ［美］马尔库塞：《自然和革命》。转引自《西方学者论〈一八四四年经济学哲学手稿〉》，复旦大学出版社 1983 年版，第 109、116、117 页。
④ ［德］A. 施密特：《马克思的自然概念》，商务印书馆 1988 年版，第 2 页。

思的自然观，指出"不是所谓物质这抽象体，而是社会实践的具体性才是唯物主义理论的真正对象和出发点。"① 认为马克思正是通过将自然同实践联系起来，才克服了旧唯物主义将自然本体化的缺陷。并运用马克思关于人与自然之间的物质变换思想，来"试图阐述自然与社会相互渗透的主要状况"。② 施密特还肯定并赞同马克思关于自然史与人类史是辩证统一的思想，但又批评了卢卡奇，认为卢卡奇犯了自然消融于人类社会中的错误。总之，法兰克福学派认为，马克思的自然观上的变革主要是通过强调自然的社会历史性而实现的，从实践观点出发，阐释了马克思关于人与自然之间物质变换的思想意义，反对把马克思自然观作抽象化理解的观点。

存在主义的马克思主义的主要代表萨特对马克思的实践观点和辩证法给予了足够的重视，萨特对实践的理解和阐发仅限于个人的实践，认为个人的实践是个人有目的地克服物质条件的有组织计划，是一种由非理性的意识所决定的个人活动。正是由于个人实践的自我设计和自我创造，不受外界必然性的制约，因而自然是外在于人的个人实践的。

以生态学马克思主义为代表的西方的马克思主义者在运用马克思自然观来看待当代生态危机产生的根源上有着非常深刻而且具有开创性的观点和思想。

当代人类与自然的矛盾以及由此引起的日益严重的生态危机，在生态学理论发展背景下，引发了一场涉及人类政治、经济、文化生活方方面面变革的特殊社会运动，即生态运动，在生态运动的旗帜下，人们对传统的世界观以及人与自然关系进行反思，在运用生态学的基本观点、原则来观察现实事物，解释现实世界，产生了各种生态学流派。

这些思潮和流派的共同点都是以人与自然关系为基本问题，用生态学方法论和原则来构建其理论框架。但在这些生态学思潮和流派中，在分析生态危机产生的根源、如何消除生态危机、如何看待人类中心主义、建立什么样的人与自然的关系以及如何建立等问题上，特别是在如何对待马克思自然观的态度及对当代生态危机的根源看法上，生态主义

---

① ［德］A. 施密特：《马克思的自然概念》，商务印书馆1988年版，第31页。
② 同上书，第3页。

思潮和生态学马克思主义思潮之间存在着巨大的分歧。

生态学马克思主义是西方马克思主义者在批判与反驳马克思思想或马克思主义是生态的还是缺乏生态观念的质疑过程中产生和形成的，是对日益严重的资本主义生态危机问题回应的理论成果。生态学马克思主义概念是由加拿大学者本·阿格尔（Ben Agger）于1979年在《西方马克思主义概念》一书中第一次提出的。

早期的生态学马克思主义者，如威廉·莱易斯（William Lesis）和安德烈·高兹（Andre Gorze）等人，运用马克思主义研究生态问题，阐述马克思自然观对解决生态危机、消费异化、技术异化和由此引起的人与自然矛盾问题的意义，主张建立人与自然和谐的生态社会主义。20世纪90年代，戴维·佩珀（David Pepper）、詹姆斯·奥康纳（James O'Connor）、约翰·贝拉米·福斯特、保罗·伯克等人对马克思自然理论进行了生态学的理解和阐述。他们认为，现代生态问题的根源在于资本主义制度，生态问题的解决在于消灭资本主义经济制度和社会制度，建立人与自然和谐共生、可持续发展的生态社会主义才是出路。

生态学马克思主义既反对把自然控制在现有的社会经济框架内的资本主义技术中心主义，也反对通过回复到自然本身，即回复到非工业生产模式来拯救"第一自然"的激进的生态中心主义。同时反对通过社会运动来对资本主义进行简单修补的社会改良主义。在对待马克思的思想或马克思主义理论对解决现代生态问题是否有理论指导意义上，西方环境保护主义指责马克思遵循理性启蒙和普罗米修斯主义路线，缺乏生态观念、忽视自然及自然制约逻辑，以福斯特为代表的生态学马克思主义者针对西方环境保护主义者的这些诘难和质疑给予了理论回击。

威廉·莱易斯、戴维·佩珀、约翰·贝拉米·福斯特等都认为，马克思人与自然关系理论比其他理论更适合理解当代经济、社会和环境之间的关系，马克思人与自然关系的辩证法能够用来理解当代的生态问题，为我们解决人与自然环境之间的问题提供了历史唯物主义的基本原则。戴维·佩珀、詹姆斯·奥康纳等人运用马克思人与自然之间新陈代谢理论和危机理论基础，指出当代资本主义社会存在着"双重矛盾"（阶级矛盾、人与自然的矛盾）和"双重危机"，即资本主义经济危机和生态危机，提出建立没有人对人、人对自然剥削的、和谐的、公正的生态社会主义社会。

综合以上国内外学者研究的成果，可以看出，国内外学者从不同的理论视角，对人与自然关系这个主题进行了卓有成效的研究，取得了若干有价值的学术成果和可供借鉴的思想和观点。但在以下几个方面还有待于进一步研究和探讨。

一是我国学者在比较分析西方生态学马克思主义思想和理论的视域下，解读人与自然关系的成果颇丰，但对马克思人与自然关系思想进行高度提炼和全面系统阐扬，特别是从文本角度，完整勾勒和展现马克思人与自然关系思想全景的成果甚少。

二是无论是用"生态理性"来取代"经济理性"，还是"异化消费批判"的思想，西方马克思主义学者的共同特征在于，都不是从历史发展的角度来论证生态危机与社会关系之间的内在关联，在克服生态危机、解决人对自然异化等关键问题上，过分单一演绎马克思生态学维度批判，忽视了马克思人与自然关系思想中的社会批判功能及最终的价值诉求。

鉴于此，本书立足时代发展主题和我国实践发展的需要，从理论层面，展开对马克思人与自然关系批判思想的文本解读，在历史语境中，探寻马克思人与自然关系批判思想的社会内涵和理论主旨；在比较分析批判吸收现当代西方马克思主义理论成果的基础上，在新的时代视域下，寻找马克思人与自然关系社会历史批判思想与当代实践的联结点，凸显马克思生态批判思想对生态文明建设所具有的理论优势和方法论价值。这对丰富马克思主义的生态思想，提升马克思主义方法论意义，建构科学的文明生存方式，有着重大的理论意义和现实价值。

三 本书研究的主要内容、基本观点、可能的创新点、研究思路和研究方法

（一）本书研究的主要内容

本书以历史唯物主义为视域，以马克思人与自然关系的历史生成为主线，全面找寻马克思关于人与自然关系的文本资料，系统梳理和解读马克思关于人与自然关系的历史发生逻辑和人与自然关系演进的社会历

史维度；在分析揭示马克思关于人与自然关系的社会境遇基础上，在历史语境中展现马克思人与自然关系思想所体现的社会批判功能，确认马克思人与自然关系社会历史批判思想中所蕴涵的理论旨趣和价值诉求。在马克思人与自然关系社会历史批判指向与现实发展困境的对话中，深层次地挖掘马克思人与自然关系社会历史批判思想的理论内涵和方法论特征，探寻马克思人与自然关系社会历史批判思想与当代实践的联结点，揭示其与绿色共享发展理念的内在逻辑，进而从方法论的角度论证马克思人与自然关系的社会内涵在指导人们消除生态危机、解决当代环境问题、促进社会主义生态文明建设的当代理论价值。并在对生态文明建设中的绿色共享发展等问题分析和确证的基础上，展示马克思人与自然关系社会历史批判思想的实践指导价值。

　　本文分为三部分，共六章。第一部分是导言，主要是对本文的选题、选题的意义、研究现状的评述，以及本文研究的主要内容、研究思路和研究方法做出说明；第二部分分为五章，第三部分是结论、参考文献和后记。

　　第二部分的第二章主要是从人与自然关系发生的历史前提、发生的场域和社会历史基础三个方面，以文本解读的方式阐释马克思人与自然关系思想的发生逻辑。

　　第三章主要是从人与自然的客观一体关系、人的对象性存在与对象的"为我存在"以及对象性活动中"主体"与"客体"的"关系"性存在这三方面，对马克思关于人与自然关系进行了社会历史分析，并从以社会为中介的人与自然的对象性关系，以及以劳动为中介的人与自然之间的物质变换这两个方面阐扬马克思关于实践范畴在人与自然关系生成中的社会历史价值，从而确认了马克思关于人与自然关系的社会历史性生成的思想。

　　第四章从分析马克思关于资本主义的私有财产、异化劳动、资本三者之间的内在关系入手，历史地解读了马克思对资本用其经济权力消解封建的土地占有、用资本生产力取用劳动生产力、以资本为基础的生产代替以劳动为基础的生产的历史演进过程的揭秘，旨在批判地揭示出人与人之间的社会关系在资本积累与贫困积累两极中的分化与物化。在此基础上，确认马克思之所以把物化的社会关系下的资本生产的历史看作是"生产者的殉难史",并深刻地揭示人与物关系在资本有用性原则下的颠倒,以及人与自然关系、社会内部关系之间的物质变换的断裂这一客观历史现实,其理论旨趣在于,通过揭示资本统治下人与自然关系所遭受的现实困境及社会历史根源,从而达到对资本主义社会关系的批判指向。

第五章在历史语境中解读了马克思关于人与自然关系困境消除的理想性社会维度:一是超越以劳动作为交换价值的生产条件,使私有财产关系"普遍化",扬弃利己主义性质的社会需要的满足,使剩余劳动时间与自由支配时间由对立走向统一;二是以个人的自由发展为基础的社会生产的确立,使资本生产力向社会生产力转化、从自由竞争走向个人的自由发展,实现人对社会关系的全面占有;三是对未来理想社会所展现出的人与自然关系图景的描述:通过社会力量对自然的占有,合理调节人与自然之间的物质变换,在人的本质力量与自然力之间融合,实现从必然王国走向自然王国的飞跃。

第六章对马克思人与自然关系历史批判思想的价值挖掘,揭示马克思人与自然关系社会历史批判的方法论价值及对江西绿色发展的启示。

(二)本书研究的基本观点

(1)关于马克思人与自然关系社会历史批判思想的基本问题、逻辑起点,理论旨趣和价值诉求,本书的基本观点是:历史唯物主义的自然观和唯物主义的历史观是马克思人与自然关系社会历史批判思想的基础,自然的历史和历史的自然是马克思人与自然关系社会历史批判思想形成和发展的逻辑起点;变革引起人和自然异化的不合理的资本主义生产方式,引导共产主义的实践是马克思人与自然关系社会历史批判思想的理论旨趣,实现人与自然、人的解放和自然复活相统一是马克思人与自然关系社会历史批判思想的价值诉求。

(2)通过研究探讨马克思人与自然关系社会历史批判思想的形成、发展及相关论著,主旨在于凸显马克思人与自然关系社会历史批判思想与科学发展观、社会主义生态文明及其建设的内在关联性,展现马克思主义的研究只有在社会历史现实中,与新的实践、新的现实需要进行对话,才有内在的生命力。

（3）在关于马克思有无生态思想这一争议上，既反对马克思主义在解决当代生态问题存在着"理论空场"，也反对马克思主义是生态学马克思主义的观点。笔者认为生态危机、生态矛盾不能代替资本主义社会的基本矛盾。生态危机只不过是社会基本矛盾在生态系统中的拓展和现实表现形式而已。由此可见，当代西方马克思主义中的生态思想，无论是"经济理性批判"，还是从生态学视角对资本主义的生态批判和社会批判，他们的运思路径，都是在经典马克思主义的话语系统中展开的，他们的观点和思想与马克思人与自然关系社会历史批判思想有着内在的理论关联性。

（4）马克思人与自然关系社会历史批判思想的当代价值在于：从理论层面上看，马克思生态理论逻辑是实践科学发展观的哲学基础，是甄别、批判、吸收当代西方马克思主义生态理论成果的理论坐标，对建构科学的生态文明理论具有理论优势和方法论价值；从实践层面，马克思生态思想对解决我国现代化过程中迫切需要解决的问题，如经济发展目标评价的绿色发展理念问题，社会主义市场经济经济下利用与限制资本的制度导向问题，生态文明建设中的技术使用及价值取向等问题，提供了实践指向。

（三）本书研究的可能创新点

（1）从马克思文本解读的历史语境中，通过史论结合的方法，对马克思文本中所关涉的人与自然关系的社会历史困境的相关论述和观点进行梳理，力图从文本角度对马克思以社会历史视域对人与自然关系中所做的社会关系批判有一个全面而系统的阐扬。

（2）从马克思文本中系统梳理出马克思人与自然关系的发生逻辑和历史生成，展现马克思人与自然关系的社会历史内涵，并为从理论层面解读马克思对人与自然关系中社会发展的性质问题、它与社会关系演进的关联及互动问题，以及在处理人与自然关系上坚持什么样的评判标准问题，为什么要坚持马克思主义的自然观和社会发展观等现实问题，提供文本依据和理论的支撑。

（四）研究思路和研究方法

本书研究思路：从马克思哲学发展的历史线索中进行资料调研和文本解读，在全面把握马克思人与自然关系的历史生成的脉络中对马克思人与自然关系的社会历史内涵予以逻辑指认。在此基础上，围绕马克思人与自然关系的社会历史境遇，展开对资本主义的社会关系批判，进而全面系统阐述马克思人与自然关系思想的理论旨趣和价值诉求。

本书研究的方法。

（1）坚持史论结合的方法，以人与自然关系为主题，力图从马克思文本和马克思思想发展史两个方面的结合上，从马克思主义哲学史的背景中把握马克思人与自然关系的社会历史内涵。

（2）运用文本研读方法，全面找寻马克思人与自然关系思想的翔实的文本资料，系统揭示和解读马克思人与自然的关系体系，捕捉马克思人与自然关系中的理论逻辑视角，从马克思文本中着力挖掘马克思关于人与自然关系的社会历史境遇和批判指向。

（3）运用历史与逻辑相统一的方法，从历史视域解读马克思人与自然关系思想，凸显马克思人与自然关系的历史生成逻辑，由此揭示人与自然关系和人的社会关系的本质统一。

（4）坚持方法与观点相结合，以马克思人与自然关系的历史生成为主线，在历史语境中把握哲学批判和社会批判的内在联结点，展现马克思人与自然关系思想所体现的社会批判功能。

（5）运用文本研读和社会实践发展相结合的方法，从马克思文本中挖掘马克思人与自然关系的社会历史批判思想，完整地再现马克思社会批判的内涵和精神实质，以当代社会发展中的生态危机、能源危机等环境问题为切入点，打开历史和现实的通道，阐明马克思人与自然关系社会历史批判思想的时代蕴意及当代价值。

第二章 马克思关于人与自然
关系的发生逻辑

"现实的人的存在"是人与自然关系发生的历史前提，探讨人与自然的关系问题，实际上就是探讨人的现实世界及其他们的现实生活问题。人与自然关系的实质就内含在现实的人的现实生活过程中，离开了人，离开了人的现实生活，人与自然关系的问题就失去了任何意义。马克思从现实的人的存在，他们的现实生活及其工业活动揭示了人与自然关系的发生。

一 马克思"现实的个人"概念的形成

关于人的概念的演绎是马克思人与自然关系思想发展的一个重要维度，从马克思的思想发展历程来看，马克思"现实的个人"概念的形成，是一个历史的形成过程，从"现实的个人"概念的形成，到在马克思主义唯物史观中对"现实的个人"的系统阐发，及它对马克思破解人类历史之谜，由此发现人类社会发展规律中所起的作用，无不在一定层面上折射出马克思思想发展的连续性和阶段性。

（一）"精神性的"个人：个人与原子等同

马克思早在《论德谟克利特的自然哲学与伊壁鸠鲁的自然哲学的差别》博士论文中，就对自由、个体等问题进行了较为深入的哲学思考。这篇论文以当时在哲学领域较为流行的关于原子运动的自然哲学问题为视角，比较分析了德谟克利特与伊壁鸠鲁在此问题上的哲学差异，对伊壁鸠鲁关于原子作偏斜运动主张有着强烈的认同感，折射出马克思关注个体自由的理想伦理的倾向。当时的哲学家都赞同德谟克利特关于原子只能像所设想的那样做直线运动的思想，但在马克思看来，伊壁鸠鲁提出相反的论点有其合理性。马克思认为，如果原子像德谟克利特所认为的那样只是做直线运动的话，原子就不能算是真正意义上的原子，因为直线下落的原子将会消逝在直线中的点中，而这样的点"是一个没有独立性的点"。反之，如果原子能像伊壁鸠鲁所主张那样也可以作偏斜运动时，伊壁鸠鲁就建立了真正的原子概念。

因此，在马克思看来，原子作偏离直线的运动是对必然性的反抗和对自由的肯定，唯有脱离直线的原子才能成为自我决定的自由定在。伊壁鸠鲁的主张使得原子能够建立起与自身关系，而这种自身关系只有自我意识才具备。所以，原子就是个别的和自由的自我意识。而自我意识其实又是个人的一种精神表现，从这个意义上说，原子就是精神性的个人。这样马克思在"原子"与"个人"之间建立一种等同关系。可见，马克思在博士论文中提出的个人概念是一种原子式的个人概念或精神性的个人概念。

（二）"理想中的"个人："市民与公民统一"

马克思在其以后的哲学探索中，逐渐放弃了自我意识及原子式的个人概念。在《黑格尔法哲学批判》中，马克思考察分析了黑格尔的个人在国家与市民社会中双重存在的思想，赞同黑格尔关于国家与市民社会分别与个人的公共生活和个人的私人生活相对应的观点，但批判了黑格尔的国家决定市民社会的被颠倒的思维方法，认为不是国家决定市民社会，是市民社会决定国家；不是意识决定生活，是生活决定了意识。指出个人作为公民与作为市民二者的对立实际上是人的个体性与社会性之间的对立，是作为公民的"人"与作为市民的"个人"之间的对立，这样个人的具体存在从抽象的个人概念中被剥离出来。其后，在《论犹太人问题》中，马克思又进一步指出了市民与公民的局限性，"现实的人只有以利己的个体形式出现才可予以承认，真正的人只有以抽象的citoyen［公民］形式出现才可予以承认。"①

---

① 《马克思恩格斯文集》第 1 卷，人民出版社 2009 年版，第 46 页。

换言之，作为市民存在并体现着个体性的个人，才是直接的、现实的个人，也是排他的自私自利的个人；与之相对的是作为公民存在并脱离了利己本性的个人，才是具有真正社会性的人。据此，马克思指出："只有当现实的个人把抽象的公民复归于自身，并且作为个人，在自己的经验生活、自己的个体劳动、自己的个体关系中间，成为类存在物的时候，只有当人认识到自身'固有的力量'是社会力量，并把这种力量组织起来因而不再把社会力量以政治力量的形式同自身分离的时候，只有到了那个时候，人的解放才能完成。"① 也就是说，马克思"理想中的"个人概念是"市民与公民统一"的个人，即个人既作为市民存在也作为公民存在，既是现实的和具体的个人，也是抽象的"人"。

（三）作为"类的"个人：从"活动"上来规定"个人"

随着马克思对国家与市民社会问题研究的深入，经济生活在个人存在中的地位及其作用开始成为马克思关注的焦点。在《1844 年经济学哲学手稿》中，马克思从费尔巴哈的"类"本质出发，开始从人的存在方式上来理解"个人"。在费尔巴哈看来，人把自己与动物区分开来主要是因为人有自我意识，人正是通过自我意识才从动物的个体生活中分离出来，才有了属人的类生活。在此基础上，马克思进一步指出，人的类本质就是有意识的生命活动即"劳动"。"通过实践创造对象世界，改造无机界，人证明自己是有意识的类存在物，就是说是这样一种存在物，它把类看做自己的本质，或者说把自身看做类存在物"。② 可见，这时的马克思已经把对人的本质的追问转向了有别于动物的有意识的"生命活动"即"劳动"或"实践"上。把人的这种活动存在方式，也就是类存在，理解为人的社会存在。认为，人通过这种生命活动创造了对象世界，也创造了自身，人的本质力量正是在这种活动中得以确认。作为社会存在的个人被"已经生成的社会创造着具有人的本质的这种全部丰富性的人，创造着具有丰富的、全面而深刻的感觉的人作为

---

① 《马克思恩格斯文集》第 1 卷，人民出版社 2009 年版，第 46 页。
② 同上书，第 162 页。

这个社会的恒久的现实"①。而且，马克思在《手稿》中，对现实工业生产的意义给予了高度的关注，并把这一有着特殊意义的工业作为人存在的现实历史基础来理解，认为"工业的历史和工业的已经生成的对象性的存在，是一本打开了的关于人的本质力量的书，是感性地摆在我们面前的人的心理学"。② 既然人的本质力量是在工业的历史中被打开的，那么对于人的本质的分析就只能通过对工业的分析来实现。可以看出，马克思把人的本质与现实工业及生成的社会联系起来考虑的睿智，为他之后在 1845 年写作的《德意志意识形态》中进一步对工业社会中的社会关系进行科学分析，把现实的物质生产作为考察人的出发点，从而真正彻底摆脱理性形而上学的"抽象的人"的影响，向"现实的人"的转向提供了思想准备。

从马克思的思想发展历程看，马克思在《手稿》中阐述的作为"类的"个人，是最靠近"现实的个人"的这一概念。但只要他把类本质及类存在作为出发点，即从抽象的类本质出发来说明个人的存在，就没有摆脱费尔巴哈抽象的人的思想的羁绊，这里谈及的个人就还不是具体的个人和感性的个人。也就是说，建立在类本质基础上的"有意识的生命活动"的个人，也还只是作为"类的"个人概念或作为"人"的个人概念，与"现实的个人"之间还存在着根本的差异：作为"类的"个人是从人的本性引申而来的，而"现实的人"的概念是马克思从对人的本质的追问转向对人的存在方式的探寻而得出的。这两种完全不同的哲学思维方式最终导致马克思放弃了从抽象的类本质出发来说明个人的存在，而转变为直接以人的感性活动即实践来考察人的现实生活和人的现实存在。

（四）从抽象的人的观点向现实的人的观点的转变

恩格斯曾在《路德维希·费尔巴哈和德国古典哲学的终结》中指出："要从费尔巴哈的抽象的人转到现实的、活生生的人，就必须把这些人作为在历史中行动的人去考察。""对抽象的人的崇拜，即费尔巴

---

① 《马克思恩格斯文集》第 1 卷，人民出版社 2009 年版，第 192 页。
② 同上。

哈的新宗教的核心，必定会由关于现实的人及其历史发展的科学来代替。这个超出费尔巴哈而进一步发展费尔巴哈观点的工作，是由马克思于 1845 年在《神圣家族》中开始的。"①

诚然，马克思在《神圣家族》中，针对鲍威尔等人用"自我意识"即精神，代替"现实的个体的人"时，马克思质问道："难道批判的批判以为，只要它把人对自然界的理论关系和实践关系，把自然科学和工业排除在历史运动之外，它就能达到，哪怕只是初步达到对历史现实的认识吗？难道批判的批判以为，它不把比如说某一历史时期的工业，即生活本身的直接的生产方式认识清楚，它就能真正地认清这个历史时期吗？——正像批判的批判把思维和感觉、灵魂和肉体、自身和世界分开一样，它也把历史同自然科学和工业分开。"②

毋庸置疑，马克思肯定工业作为历史现实在历史运动中的意义，确证对某一历史时期的认识离不开这一时期的工业——"生活本身的直接的生产方式"，就是要表达这样一个思想：对于人的本质的分析只能通过对工业的分析来实现，特别是对工业社会中的社会关系进行科学分析，现实的物质生产是考察人的本质的出发点。只有从"历史运动中"才能真正把握"现实的个人"；只有从现实的具体的社会生活过程中才能真正认识"历史现实"和"现实的个人"，借此马克思找到了理解人的本质的客观现实逻辑。这是马克思在《神圣家族》中关于"现实的人"所表达的重要的理论观点。可以看出，马克思在《神圣家族》中实现了从抽象的人的观点向现实的人的观点的彻底转变。强调"某一历史时期的工业和生活本身的直接的生产方式"这一观点，成为马克思人与自然关系思想的重要理论基点。

二 人与自然关系发生的历史前提——对"现实的个人"的确认

关于人的概念的演绎是马克思人与自然关系思想发展的一个重要维

---

① 《马克思恩格斯文集》第 1 卷，人民出版社 2009 年版，第 295 页。
② 同上书，第 390 页。

度，从马克思的思想发展历程来看，马克思"现实的个人"概念的形成，是一个历史的形成过程，从"现实的个人"概念的形成，到马克思主义在唯物史观中对"现实的个人"的系统阐发，无不折射出它对马克思在发现人类社会发展规律中破解人与自然关系的历史之谜所起的作用。"现实的个人"这一概念在马克思和恩格斯合著的《德意志意识形态》中得到进一步系统阐发和确证：我们开始要谈的前提不是任意提出的，不是教条，而是一些只有在臆想中才能撇开的现实前提。这是一些现实的个人：他们"是从事活动的，进行物质生产的，因而是在一定的物质的、不受他们任意支配的界限、前提和条件下活动着"的人，"是他们的活动和他们的物质生活条件，包括他们已有的和由他们自己的活动创造出来的物质生活条件"。① 从这我们可以清晰地看到，与前面著作关于个人的概念相比较，《德意志意识形态》中"现实的个人"有以下三重含义。

（一）从事感性活动的个人

根据马克思在博士论文中对作偏离直线运动的"原子"展开对自由、个体等问题的哲学思考，认为原子只有脱离直线作偏离运动，才能反抗必然性的束缚而获得"定在的自由"。并将做偏离直线运动的"原子"与个体的自我意识建立一种等同关系。而自我意识则是个人的精神表现形式。因此，马克思在博士论文中把"个人"界定为一种精神性的个人。

随着马克思的哲学视野向政治经济学研究的拓展，马克思在《1844年经济学哲学手稿》中，把费尔巴哈的"类"的概念引入自己的哲学，用"类"代替了"精神性的个人"。并在克服费尔巴哈直观的"人"的概念的基础上，把劳动与"个人"联系起来加以考察，从"有意识的生命活动"来规定"个人"。在《关于费尔巴哈提纲》中完成对费尔巴哈哲学的最后清算，以实践的哲学思维原则，把感性、感性对象理解为"感性活动"，阐述了"现实的个人"是感性活动的个人的思想，这是马克思对前哲学和自己关于精神性的个人概念的批判和扬弃。

---

① 《马克思恩格斯文集》第1卷，人民出版社2009年版，第519页。

马克思在《德意志意识形态》中以唯物史观的方法进一步系统阐述了现实的个人的内涵及其他与意识、物质活动之间的关联。马克思在这里所考察的现实的个人，已经不是等同于"自我意识"的"有生命的个人"，即不是"从意识出发，把意识看作是有生命的个人"，而是"从现实的、有生命的个人本身出发，把意识仅仅看做是他们的意识"的个人。① 可见，马克思在博士论文中极力推崇的"把意识看作是有生命的个人"这一观点，在《德意志意识形态》中被彻底地清算出去了。②

所以，在马克思看来，个人在起初时作为生命存在物，也像动物一样是一种自然的、肉体的存在物，且像其他自然物一样总是处于自然的关系中，受制于自然。正如马克思在《德意志意识形态》中分析历史产生的前提——人的存在时指出："第一个需要确认的事实就是这些个人的肉体组织以及由此产生的个人对其他自然的关系。"③ 但马克思同时指出，个人在满足自身需要而进行物质资料生产时，人就把自己与动物及其他存在物分开了，个人不仅把各种感性对象作为自己感性活动的对象，而且个人本身也成了自身物质生产活动的对象，这样通过人的对象化活动就使自己成为了对象性存在。可见，马克思的"感性的个人"是指感性活动的个人，也就是这种以感性对象为前提的人的感性活动即生产，"正是整个现存的感性世界的基础"。④ 人正是通过感性的对象性活动实现自身，这一观点既是对费尔巴哈关于"感性"的超越，也有对黑格尔"劳动"观点的改造，更是对《神圣家族》中强调"生活本身的直接的生产方式"这一思想的确证与深化。据此，马克思进一步断言："个人怎样表现自己的生命，他们自己就是怎样。因此，他们是什么样的，这同他们的生产是一致的——既和他们生产什么一致，又和

---

① 《马克思恩格斯文集》第 1 卷，人民出版社 2009 年版，第 525 页。
② 与精神性的个人相左，马克思明确指出："这里所说的个人不是他们自己或别人想象中的那种个人，而是现实中的个人，也就是说，这些个人是从事活动的，进行物质生产的，因而是在一定的物质的、不受他们任意支配的界限、前提和条件下活动着的。"同上书，第524 页。
③ 《马克思恩格斯文集》第 1 卷，人民出版社 2009 年版，第 519 页。
④ 同上书，第 529 页。

他们怎样生产一致。因而，个人是什么样的，这取决于他们进行生产的物质条件。"① 这样，马克思在《德意志意识形态》中用"感性的个人"彻底批判和扬弃了那种精神性的个人概念。

（二）作为历史生活主体的个人

马克思的"现实的个人"不仅是从事"感性的"、"实际的"活动的"每一个人"，而且是作为历史主体的"每一个人"，是具体的、历史的个人存在，其感性活动本身也是一种现实的历史活动。

马克思在《黑格尔法哲学批判》中，具体考察分析了黑格尔的个人在国家与市民社会中双重存在的思想，赞同黑格尔关于国家与个人的公共生活之间、市民社会与私人的生活之间存在着内在关联的观点，但批判了黑格尔的国家决定市民社会的这种被颠倒的思维方法。在马克思看来，黑格尔的历史观是从意识出发，将观念、意识作为"独立主体"，把"绝对观念"或"绝对精神"作为自己的哲学前提的唯心史观，这必然导致他从思想观念中寻找社会发展的动因。同时马克思也深刻地指出，自以为实现了对黑格尔哲学革命的青年黑格尔派（以鲍威尔为代表，马克思曾经也是青年黑格尔派中的一员），他们主张用自我意识的主观性代替绝对精神的客观性，将世界万物看作是自我意识的规定形式等思想，实际上也并没有超出黑格尔唯心史观哲学体系的框架，更没有超越和完善黑格尔哲学。

马克思在吸收费尔巴哈唯物主义观点的基础上，作出了"不是国家决定市民社会，是市民社会决定国家；不是意识决定生活，是生活决定了意识"② 的论断，指出个人作为公民与个人作为市民二者的对立，本质上是具体的、现实的个人与普遍性的、一般性的人的对立，这样个人的具体存在从抽象的个人概念中被剥离出来。

其后，在《论犹太人问题》中，马克思又进一步指出了个人作为市民与公民二分的局限性，在于"现实的人只有以利己的个体形式出现才可予以承认，真正的人只有以抽象的 citoyen［公民］形式出现才

---

① 《马克思恩格斯文集》第 1 卷，人民出版社 2009 年版，第 520 页。
② 同上书，第 525 页。

可予以承认。"① 换言之，作为市民存在并体现着具体的、现实的人的各种需求的个人，才是直接的、现实的个人，也是利己的个人；但只有脱离了利己本性的个人，并作为公民形式存在的个人，才是"真正的人"，即才是具有真正社会性的人。② 也就是说，马克思关于个人的理想性概念是"市民与公民的统一"，人既是作为具体的、现实的个体性存在，也是作为普遍的、社会性的存在。

可见，这个时期的马克思试图从体现个体性的市民与体现着社会性的公民之间相统一的角度来设定一种"理想的"个人。但在之后的《1844 年经济学哲学手稿》中马克思改进了这种运思路径，他指出："首先应当避免重新把'社会'当做抽象的东西同个体对立起来。"③ 但必须指出，无论马克思是从"社会性"（把马克思人的社会性和人的自由自觉即劳动看作是人的类本质）出发来规定"个人"，还是从"个体性"与"社会性"相统一来规定"个人"，他都没有把"个人"看作社会历史的前提、主体和历史的创造者而加以考察，而是把个人看作是被用来说明和解释的对象。所以，虽然当时他已经把劳动看作是人的"类本质"以及人的本质力量的对象化，但他仍然没有摆脱从人性中引申人的本质的传统哲学思维。

马克思在《德意志意识形态》中，不再强调从人的"个体性"和"社会性"即人性出发理解"个人"，而是把《手稿》中人的"有意识的生命活动"具体化为物质生产活动，从人的现实的物质生产出发，来理解个人，理解他们的现实存在，由此把现实的个人看作是一种历史的、具体的、整体意义上的存在。因此，在马克思看来，现实的个人他们如何存在和活动，一方面取决于他们在一定的历史阶段的个人的生产和需要；另一方面，这种个人需要的满足与其他个人的需要相互发生关

---

① 《马克思恩格斯文集》第 1 卷，人民出版社 2009 年版，第 46 页。

② 据此，马克思指出："只有当现实的个人把抽象的公民复归于自身，并且作为个人，在自己的经验生活、自己的个体劳动、自己的个体关系中间，成为类存在物的时候，只有当人认识到自身'固有的力量'是社会力量，并把这种力量组织起来因而不再把社会力量以政治力量的形式同自身分离的时候，只有到了那个时候，人的解放才能完成。"《马克思恩格斯文集》第 1 卷，人民出版社 2009 年版，第 46 页。

③ 《马克思恩格斯文集》第 1 卷，人民出版社 2009 年版，第 188 页。

系，而彼此发生关系的个人继承着前代积累起来的生产力和交往形式，这就决定了个人不能离开前人所创造的物质基础和他本身所处的社会条件，个人正是在具体的社会历史条件下创造着自己的历史，同时历史也创造着个人。

（三）一定社会关系中的个人

现实的个人是在一定的社会历史条件下和一定社会关系中进行着感性活动的个人。这与马克思之前在《1844年经济学哲学手稿》中加以肯定的作为"类"的个人即作为"人"的个人的概念观点相对立。

随着马克思对市民社会、个人的现实生活等问题的深入研究，个人的现实存在方式和他们个人的经济生活状态，以及经济生活在个人存在中的地位及其作用开始成为马克思关注的焦点。

虽然马克思在《1844年经济学哲学手稿》中已从人的"活动"上来规定"个人"，但只要他把类本质及类存在作为出发点，即从抽象的类本质出发来说明个人的存在，就没有摆脱费尔巴哈抽象的人的思想的羁绊，这里谈及的个人就还不是具体的个人和感性的个人。也就是说，建立在类本质基础上的"有意识的生命活动"的个人，也还只是作为"类"的个人概念或作为"人"的个人概念，与"现实的个人"之间还存在着根本的差异：作为"类"的个人是从人的本性引申而来的，而"现实的人"的概念是马克思从对人的本质的追问转向对人的存在方式的探寻而得出的。这两种完全不同的哲学思维方式最终导致马克思在《神圣家族》中放弃了从抽象的类本质出发来说明个人的存在，而转变为直接以人的感性活动即实践来考察人的现实生活和人的现实存在。马克思正是在《神圣家族》中实现了从抽象的人的观点向现实的人的观点的转变。①

在《德意志意识形态》中，马克思恩格斯尖锐地批判了费尔巴哈

---

① 恩格斯曾在《路德维希·费尔巴哈和德国古典哲学的终结》中指出："要从费尔巴哈的抽象的人转到现实的、活生生的人，就必须把这些人作为在历史中行动的人去考察。""对抽象的人的崇拜，即费尔巴哈的新宗教的核心，必定会由关于现实的人及其历史发展的科学来代替。这个超出费尔巴哈而进一步发展费尔巴哈观点的工作，是由马克思于1845年在《神圣家族》中开始的。"《马克思恩格斯文集》第4卷，人民出版社2009年版，第295页。

的"一般人"思想方法。马克思认为，费尔巴哈设定的"一般人"，只是停留于理论生活的"类""人"，"他从来没有把感性世界理解为构成这一世界的个人的全部活生生的感性活动。"① 而在马克思看来，"个人的这种发展是在历史地前后相继的等级和阶级的共同生存条件下进行的，也是在由此而强加于他们的普遍观念中进行的，如果用哲学的观点来考察这种发展，当然就很容易产生这样的臆想：在这些个人中，类或人得到了发展，或者说这些个人发展了人；这种臆想，是对历史的莫大侮辱。"② 从以上马克思的论述中可以看出，马克思已经把人的"类本质"、"类"的个人从他的哲学思维方式中彻底清算出去了。从《关于费尔巴哈的提纲》开始之后的著作里，马克思用人的社会关系代替了对人的本质的表述："人的本质不是单个人所固有的抽象物，在其现实性上，它是一切社会关系的总和。"③ 在马克思与恩格斯合著的《德意志意识形态》中，现实的个人被置入生产方式、社会交往、社会关系中来考虑。"现实的个人"概念在历史唯物观中的地位被确立下来。

因此，"现实的个人"，不是指单纯的个人，而是指处在一定社会历史条件下、一定社会关系中，"生活着的"、"从事活动的，进行物质生产的，因而是在一定的物质的、不受他们任意支配的界限、前提和条件下能动地表现自己的"的人。这里所说的"不受他们任意支配的"④"界限、前提、条件"，包括历史地形成和发展着的自然关系、社会关系、物质条件、一定的生产力、生产关系、交往关系，等等。所以，"现实的个人"是受一定社会历史条件制约着的"现实的历史的人"。马克思正是在"感性的人的活动"即实践、物质生产、生产劳动中，把握了人的生存的自然历史性、不可预设性和能动的超越性，洞察到人类历史不过是"追求着自己的目的的人的活动"，⑤ 并由此找到了现实人的本质与存在相统一的现实途径，即找到了与社会生产力相适应、有利于人的自由个性全面发展的社会组织形式和实现道路。

---

① 《马克思恩格斯文集》第 1 卷，人民出版社 2009 年版，第 530 页。
② 同上书，第 570 页。
③ 同上书，第 505 页。
④ 同上书，第 524 页。
⑤ 同上书，第 295 页。

从以上分析我们可以看出，"现实的个人"这一概念的形成和确定像其他理论观点一样，都遵循着人类思维运行的规律，每个阶段都有其认识的特点和特定的思想内涵，我们说"现实的个人"在《德意志意识形态》中得以确定，并不代表马克思这个阶段的"现实的个人"概念与前期各个阶段阐发的关于人的本质的思想没有任何关联。实际上，在前期文本如《手稿》中马克思所表达的与马克思在以后著作如《德意志意识形态》等所表达的思想有着阶段上的差异，但有着内在的统一性，后者是前者思想的发展和深化。

一是尽管《手稿》中还没有建立起感性活动与现实的个人之间的联系，但已经从"有意识的生命活动"来规定"个人"，把劳动与"个人"联系起来加以考察，从而撼动了费尔巴哈直观的"人"的概念的根基，并为马克思在《关于费尔巴哈提纲》中完成对费尔巴哈哲学的最后清算，把感性、感性对象理解为"感性活动"，确定实践的哲学思维原则，奠定了理论基础。

二是马克思在《手稿》中关于人的精神特性，并没有因为在后面的著作中用"实践"、"物质生产"、"生产劳动"来说明人的本质存在时被完全否定，正是在"感性的人的活动"即实践、物质生产、生产劳动中，马克思把握了人的生存的自然历史性、不可预设性和能动的超越性，洞察到人类历史不过是"追求自己的目的的人的活动过程"，并由此找到了现实人的本质与存在相统一的现实途径，即找到了与社会生产力相适应、有利于人的自由个性全面发展的社会组织形式和实现道路。

可见，马克思关于"现实的个人"的概念形成和发展，充分展现了马克思思想发展史中的阶段性和连续性相统一的特点，体现了马克思思想发展中的历史性与逻辑性的统一，破除了以往传统的马克思主义者把马克思思想体系当作既定真理为研究前提的研究范式。同时给西方马克思学制造的两个马克思观点一个有力的回击。更重要的是，理解把握马克思思想发展史中的阶段性和连续性的统一，对于我们从历史角度来考察、分析马克思思想发展的不同阶段，不同语境形成的概念、范畴及它们之间内在的逻辑结构，保持理论思维的动态性质，从而真正把握马克思主义的思想精髓和本真精神，具有方法论意义。

三　人与自然关系发生的场域——对人的现实生活世界的观照

马克思哲学视野中的人的现实世界，不是宗教神学中追求神性逻辑的"天国"、"彼岸世界"，而是人生活其中的现实的、感性的"此岸世界"。马克思是在批判"旧世界"、发现与建设"新世界"的批判与建设逻辑中，改写了传统哲学的运思路径，把哲学批判的视野聚焦于"现实生活"，把追求"此岸世界的真理"作为"历史的任务"，彰显了他所要"改造的世界"是立足于"此岸世界"，而这一"批判"的根本目的和价值尺度，就是如何在人现实生活的世界中，在人与社会、人与自然的内在关系的维度中实现人的解放与自由。这样就将"人与自然关系"从哲学领域转向历史深处，将哲学意识领域转向了现实生活世界的旨趣，这也构成了马克思人与自然关系思想区别于其他理论的一个重要原则。

（一）哲学批判视野向人的现实生活世界的转向

受费尔巴哈否定黑格尔唯心主义哲学的启发，"德法年鉴时期"的马克思放弃了黑格尔思辨哲学的本体论前提，把以自然为基础的现实的人作为前提，用"人"本身来代替"自我意识"，把人类的历史看作是人本身的历史。马克思在《1844年经济学哲学手稿》中以费尔巴哈的人本学唯物主义为基础，对黑格尔以理性出发的思辨哲学进行了直接的批判，认识到劳动和工业，即人的生产实践在历史发展过程中的作用，并以现实的物质生产活动——工业为基础来审视人与自然的对象性关系。

根据马克思在《1844年经济学哲学手稿》中的观点，对象化劳动是指一般意义下的物质生产劳动，相对于人与自然界之间的关系而言，是指人类对自然界的改造和占有，是人类生存和发展的自然基础，只有在人的感性对象化劳动中，人才能使自己的本质得以确证。但在资产阶级社会中人的对象性活动被异化了，劳动异化成了人的现实存在的过程。"1844年手稿"时期的马克思虽然在对异化劳动进行分析和阐述上，还没有完全脱离费尔巴哈的问题域，遵循的仍是费尔巴哈的人本异化学说批判逻辑。但随着马克思对政治经济学研究的深入，费尔巴哈的感性的直观的人本主义，却无法满足马克思对现实的物质生活关系批判的理论主旨，无法满足马克思对人的现实物质生活世界的自我分裂和自我异化的根源的追问。

在《神圣家族》中，马克思在对费尔巴哈的感性人本学说进行反思的同时，又把理论视野转向了对黑格尔思辨哲学中的历史观的辩证探索，批判地吸收了黑格尔哲学历史观中的思维方式和合理内核。

黑格尔思辨哲学是以肯定理性作为既定事实，从基本概念出发，推演出"绝对理念"的生成过程，在马克思看来，黑格尔对"绝对理念"历史生成过程的推导，恰恰是思辨哲学最有价值的地方，也是被费尔巴哈所忽略的最重要的部分。但马克思也发现了当黑格尔用思辨哲学的理性生成过程来统领现实的社会历史生活时，它的历史观必然走向唯心主义的困境。

在此基础上，马克思针对鲍威尔等人用"'自我意识'即'精神'代替现实的个体的人"时，他质问道："难道批判的批判以为，只要它把人对自然界的理论关系和实践关系，把自然科学和工业排除在历史运动之外，它就能达到，哪怕只是初步达到对历史现实的认识吗？难道批判的批判以为，它不把比如说某一历史时期的工业，即生活本身的直接的生产方式认识清楚，它就能真正地认清这个历史时期吗？……正像批判的批判把思维和感觉、灵魂和肉体、自身和世界分开一样，它也把历史同自然科学和工业分开。"①

马克思在此强调"某一时期的工业和生活本身的直接的生产方式"，在于说明，要从现实的客观逻辑出发，具体地考察社会历史过程，才能真正理解社会历史生活，马克思从现实出发的客观逻辑观点，是我们理解马克思关于人与自然关系具有社会历史特征的立论基础，也是对黑格尔哲学中的历史辩证法思想的吸收与改造的成果，标志着马克思是对费尔巴哈人本学唯物主义哲学的超越。

据此，在《神圣家族》中马克思从历史的现实生成视角去批判并

---

① 《马克思恩格斯文集》第1卷，人民出版社2009年版，第350页。

改造黑格尔哲学。从这一思路出发，马克思从人的物质生产活动与人的存在方式之间的内在关系中推演出：人在进行对象性的物质资料生产活动中必然生成人与人之间的社会关系，而人与人之间的社会关系又是人的物质生产活动得以实现的中介。他指出："对象作为为了人的存在，作为人的对象性存在，同时也就是人为了他人的定在，是他同他人的人的关系，是人同人的社会关系。"① 随着劳动过程的历史演变和生产方式的变革，人本身也获得了发展。在这个过程中，人也形成或"生产"了他自身的真正性质。由此马克思得出以物质资料生产为实践内容的人与自然的关系决定了人的"社会本质"，并把物质生产方式视为理解人的社会关系的基础。马克思强调，只有用"市民社会的实际基础"才能具体地说明人的社会生活。马克思这种对传统哲学批判的重要的视角转换，使马克思最终抛弃了旧的人本主义的批判逻辑，逐渐形成了对现实进行唯物主义历史分析的哲学思维方法，并为马克思把现实的人的社会历史生活确定为其批判对象奠定了思想基础。

马克思在《德意志意识形态》中批判地指出了包括费尔巴哈在内的一切"旧"唯物主义存在的共同缺陷在于：抽象而直观地理解"人"及其人的对象世界，没有把人的"感性世界理解为构成这一世界的个人的全部活生生的感性活动"②，从而看不到人的对象性活动的社会本质。在马克思看来，被费尔巴哈作为历史前提的现实的人的现实只是自然的现实，而不是社会的历史的现实。因为，他只停留在思想领域和理论层面，没有从人们的物质生活条件和人们的社会关系中来理解人。因此他所理解的人，不是活生生的、从事物质活动的人，而是抽象的人。显然把这样一个抽象的"人"当作前提的历史观，只能是唯心主义历史观。③

---

① 《马克思恩格斯文集》第 1 卷，人民出版社 2009 年版，第 268 页。

② 同上书，第 530 页。

③ 因为，在马克思看来，"费尔巴哈对感性世界的'理解'一方面仅仅局限于对这一世界的单纯的直观，另一方面仅仅局限于单纯的感觉。费尔巴哈设定的是'人'，而不是'现实的历史的人'。……在对感性世界的直观中，他不可避免地碰到与他的意识和他的感觉相矛盾的东西，这些东西扰乱了他所假定的感性世界的一切部分的和谐，特别是人与自然界的和谐"。《马克思恩格斯文集》第 1 卷，人民出版社 2009 年版，第 527—258 页。

所以，马克思在对唯物史观前提和出发点进行科学概括时进一步强调，"现实的个人""不是处在某种虚幻的离群索居和固定不变状态中的人，而是处在现实的、可以通过经验观察到的、在一定条件下进行的发展过程中的人。"① 也不是"口头上所说的、思考出来的、想象出来的人"，而是"从事实际活动的人"。而意识和思想只不过是对现实的人的"现实生活过程"的反射和反响，是现实的人"通过经验来确认的、与物质前提相联系的物质生活过程的必然升华物"。②

为此，马克思确立了"历史的任务就是确立此岸世界的真理"的命题，把"历史"从意识领域回归到现实生活世界，认为历史是现实生活的发展史，不是意识的产物。③ 马克思明确指出："我们开始要谈的前提不是任意提出的，不是教条，而是一些只有在臆想中才能撇开的现实前提。这是一些现实的个人，是他们的活动和他们的物质生活条件，包括他们已有的和由他们自己的活动创造出来的物质生活条件。"④ "因此我们首先应当确定一切人类生存的第一个前提，也就是一切历史的第一个前提，这个前提是：人们为了能够'创造历史'，必须能够生活"，⑤ "而人们的存在就是他们的现实生活过程"。⑥ "只要描绘出这个能动的生活过程，历史就不再像那些本身还是抽象的经验主义者所认为的那样，是一些僵死的事实的汇集，也不再像唯心主义者所认为的那样，是想象的主体的想象活动。"⑦

---

① 《马克思恩格斯文集》第 1 卷，人民出版社 2009 年版，第 525 页。

② 在马克思看来，这些"在发展着自己的物质生产和物质交往"的现实的人，他们在"改变自己的这个现实的同时也改变着自己的思维和思维的产物。不是意识决定生活，而是生活决定意识。前一种考察方法从意识出发，把意识看做是有生命的个人。后一种符合现实生活的考察方法则从现实的、有生命的个人本身出发。"《马克思恩格斯文集》第 1 卷，人民出版社 2009 年版，第 525 页。

③ 他批判地指出，传统的一切历史观"不是完全忽视了历史的这一现实基础，就是把它仅仅看成与历史过程没有任何联系的附带因素。因此，历史总是遵照在它之外的某种尺度来编写的；现实的生活生产被看成是某种非历史的东西，而历史的东西则被看成是某种脱离日常生活的东西，某种处于世界之外和超乎世界之上的东西。"《马克思恩格斯文集》第 1 卷，人民出版社 2009 年版，第 545 页。

④ 《马克思恩格斯文集》第 1 卷，人民出版社 2009 年版，第 516 页。

⑤ 同上书，第 531 页。

⑥ 同上书，第 525 页。

⑦ 同上。

这样，从唯物史观的前提出发，我们可以看到，在马克思那里，历史的主体不是意识和思想，也不是"他们自己或别人想象中的那种个人，而是现实中的个人"，是在一定社会历史条件下"从事实际活动"、"可以用纯粹经验的方法来确认"、"在历史中行动的人"。① 这些有生命的个人的存在是社会存在和历史发展的自然前提和基础。可见，马克思把现实的人的物质生产活动、他们的物质生活条件以及他们的现实的生活世界，看作是历史的前提和基础。

从马克思的以上论述中，我们可以看出，马克思既反对脱离生活世界的思辨历史观，也反对脱离日常生活的历史观。马克思将哲学批判深入现实的人和人的现实生活世界的哲学解释方式和实践方式，其哲学革命的真正意义在于使哲学回归现实生活世界。马克思通过对人的现实存在的状况，即人的现实生活过程的揭示，实现对资本主义社会生活世界的现实批判，进而在现实生活世界的基础上创生出一个新世界，从而使这个新世界中的人的生活，即人与人和人与自然之间达到和谐与统一。

需要指出的是，根据马克思的观点，社会历史现实首先关涉的是人与自然的关系状况（也就是马克思所强调的人的实践活动方式）和人在实践活动中结成的社会关系或社会结构，但不能简单地把社会历史现实归结为由生产方式、经济基础和"社会物质生活条件的总和"等因素决定的线性的"经济决定论"进程，因为一定历史条件下的社会关系或社会结构"总是从一定的个人的生活过程中产生的"。② 在这种意义上，社会历史现实还应该包括人的实践活动的各个维度的全面展开的现实生活过程，以及强调充满丰富性的人的发展及其价值追求过程。这也是马克思人与自然关系思想走向人的生活世界的旨趣所在。

（二）现实的人的存在图景：自然关系、社会关系与社会结构

马克思把整体的社会和人类历史作为历史唯物主义的对象，把社会看作是人的社会，社会历史是人类发展过程的历史，是现实的人活动的历史。如果忽视了研究现实的人的活动，忽视了研究现实的人的物质生

---

① 《马克思恩格斯文集》第 1 卷，人民出版社 2009 年版，第 524 页。
② 同上书，第 524 页。

产，这就回到费尔巴哈那里去了。

马克思把现实的人及其他们的存在方式作为他的唯物史观的理论基点，认为现实的人的生产实践方式决定了他们的生存状态及其生活方式，也映照出人与人之间的社会关系联结方式，以及在这种社会关系结构中以现实的人的活动为中介所结成的人与自然关系。

1. 人的生命生产的双重关系：自然关系与社会关系

马克思从现实的人的存在出发从四个方面全面论证了人的生命生产及其双重关系。

一是人为了维持生命存在而进行的物质资料生产。进行满足人们生活所需的物质资料的生产，即生产物质生活本身的生产。① 人们只有首先从事物质生产、解决衣、食、住、行的问题，才能从事政治、艺术、科学、宗教等其他社会活动，所以，物质生产是一切历史活动的基本条件。这种满足生存所需要的生产活动是人的生存基础，也是人类历史得以存系的前提。在马克思看来，正是由于人的物质生产活动，才创造了人，创造了人的生活，同时也创造了属人的对象世界，才有了以社会结构为中介的人与自然的对象性关系的产生，从而为把物质资料生产确立为揭示资本主义生产方式及其规律的突破口找到了逻辑论点。

二是满足新的需要的再生产。在马克思看来，人的本质属性在于人的自由自觉的活动，即劳动，这决定了人的生产活动具有创生性，"已经得到满足的第一个需要本身、满足需要的活动和已经获得的为满足需要用的工具又引起新的需要"。② 它不仅创造了人的生产工具，同时也创生了人对物质生活的更高要求和对新工具的进一步革新。这种不断生产的新需要和满足这种需要的生产和再生产，促进人类历史活动连续不断发展。

三是人口的生产，即繁殖是被纳入"历史发展过程的第三种关系"，有了人的繁衍，才产生了家庭关系，才有了之后的发展起来的社会关系的生产，即第四种生产。

---

① 在马克思、恩格斯看来："也就是一切历史的第一个前提，这个前提是：人们为了能够'创造历史'，必须能够生活。但是为了生活，首先就需要吃喝住穿以及其他一些东西。"《马克思恩格斯文集》第1卷，人民出版社2009年版，第531页。

② 《马克思恩格斯文集》第1卷，人民出版社2009年版，第531页。

马克思把前面两种生产称为物质资料的生产；后面两种生产称为人本身的生产。无论是物质资料的生产，还是人本身的生产都是现实的人的生命的生产，人的这种生命的生产和再生产表现为"双重关系：一方面是自然关系，另一方面是社会关系；社会关系的含义在这里是指许多个人的共同活动"，① 这决定了现实的人既有社会关系的规定，又有自然关系的规定，这两方面是内在联系的。因为在马克思看来，所谓社会关系，就是指"许多个人的共同活动，不管这种共同活动是在什么条件下，用什么方式和为了什么目的而进行的"，② 因此，"这种共同活动方式本身就是'生产力'"。③ 所以，根植于物质资料生产的人与自然的关系，即物质生产方式"始终是与一定的共同活动方式或一定的社会阶段联系着的"，即"人们所达到的生产力的综合决定着社会状况"。④ 因此，唯物史观以研究现实的人为前提，通过研究其活动和物质生活条件，从而揭示出根植于物质资料生产的人与自然的关系是人本身的生产即社会关系生产的最基础的关系。

2. 以人与自然关系为历史基础的社会结构

马克思从物质生产中的最基本的关系，即人与自然关系出发，把握人在生产中结成的人与人的社会关系，指认"受到迄今为止一切历史阶段的生产力制约同时又反过来制约生产力的交往形式，就是市民社会"。⑤ 把市民社会"理解为整个历史的基础"。马克思站在市民社会这一现实历史基础上，指出："历史不是作为'源于精神的精神'消融在'自我意识'中而告终的。历史的每一阶段都遇到一定的物质结果，一定的生产力总和，人对自然以及个人之间历史地形成的关系，都遇到前一代传给后一代的大量生产力、资金和环境。"⑥ 这些"生产力、资金和社会交往形式的总和"构成了每个人和每一代人的现实基础。

马克思在 1859 年出版的《〈政治经济学批判〉序言》中，系统描

---

① 《马克思恩格斯文集》第 1 卷，人民出版社 2009 年版，第 532 页。
② 同上。
③ 同上。
④ 同上书，第 533 页。
⑤ 同上书，第 540 页。
⑥ 同上书，第 544 页。

述了从社会生产，经济结构（生产关系的总和），法律和政治的上层建筑，到社会意识形态等，它们之间相互关联并相互作用所形成的社会存在结构及其内在关系作用图式："人们在自己生活的社会生产中发生一定的、必然的、不以他们意志为转移的关系，即同他们的物质生产力的一定发展阶段相适应的生产关系，这种生产关系的总和构成社会的经济结构，即有法律的和政治的上层建筑竖立其上并有一定的社会意识形式与之相适应的现实基础。"① 马克思在《资本论》中进一步"从社会经济结构方面来看待社会"，把社会生产过程看作是"在特殊的、历史的和经济的"物质生产关系中，把"生产的承担者同自然的关系以及他们互相之间的关系，他们借以进行生产的各种关系的总体"看作是"社会"。② 这样，在"生产力与生产关系"、"经济基础与上层建筑"的语境中，马克思新的社会结构观被确立下来。

四　人与自然关系发生的社会历史基础

（一）人特殊的存在方式：人的生活活动

马克思分析人与自然关系是从区分人与动物的生命活动为始点的。而马克思把人作为一种"有意识的存在物"，是马克思区分人与动物的生命活动性质的前提。

在马克思看来，生存是一切生命的存在形式，人类的存在同其他所有有生命的存在一样，都是一种生物性存在即"生存"；然而从与它们的区别意义上看，人类的存在是一种人类性存在即"生活"。生活不等同于生存，它是人作为社会存在的特有的生存方式。在人与自然的关系中，人在原始性生理需要下所进行的活动，是人的"生存"的自然活动。而生活则是生存基础上的经过人的活动改造过的生存方式。所以，动物的"生命活动"和人的"生活活动"这两种生命存在方式的区别在于：动物是和它自己的生命活动具有直接的同一性。但人的存在的特殊性在于，人不仅能够"把自己同自己的生命活动区分开来"，而且人

---

① 《马克思恩格斯文集》第2卷，人民出版社2009年版，第591页。
② 《马克思恩格斯文集》第7卷，人民出版社2009年版，第927页。

能够"使自己的生活活动本身变成自己的意志和意识的对象"，① 按照自己的"意志和意识"而进行"生命活动"。并在能动地改造对象世界中来证明自己的存在，从而使人的"生命活动"变成了人特有的"生活活动"，并在能动地创造对象世界，即改造无机界中来证明自己是有意识的存在物。通过人的能动的生产活动，"自然界才表现为他的作品和他的现实"。② 因此，马克思从这一意义出发，将人看作是一种有意识的存在物。把人作为一种"有意识的存在物"，是马克思关于人与动物的生命活动性质的区分的前提。

正是从人是有意识的存在物这一前提出发，马克思把人的生活活动的特性归结为人按照自己的"意志和意识"而进行的"自由的有意识的"活动。正因为人把自身的生命活动看作是自由的活动，人才把自身当作"普遍的因而也是自由的存在物"来对待。

因此，在马克思看来，虽然人与动物一样为了生存都要进行生产，但人的这种"自由的有意识的"活动使人的生产不同于动物的生产，动物受"直接的肉体需要"支配，它们的生产是片面的，而人的生产是全面的，不仅仅只进行满足肉体需要的生产，还要进行超越这种肉体需要的生产。这就决定了人与动物在对待自然界的关系上的本质不同，这里有一段马克思关于人与动物在对待自然界的关系上的本质区别的精辟论述："动物只生产自身，而人再生产整个自然界；动物的产品直接属于它的肉体，而人则自由地面对自己的产品。动物只是按照它所属的那个种的尺度和需要来构造，而人却懂得按照任何一个种的尺度来进行生产，并且懂得处处都把固有的尺度运用于对象。"③

马克思这里所说的"人再生产整个自然界"、"人自由地对待自己的产品"、"按照任何一个种的尺度进行生产"以及"怎样把内在的尺度运用到对象上去"等精辟论断，说明了人的生活活动的创造性和能动性特征，这决定了人对自然界的关系：人正是在自己的具有创造性和能动性的特征的生活活动中，使自然界表现为"他的作品和他的现

① 《马克思恩格斯全集》第 42 卷，人民出版社 2009、1979 年版，第 96 页。
② 《马克思恩格斯文集》第 1 卷，人民出版社 2009 年版，第 163 页。
③ 同上书，第 162 页。

实"，不断地使自在世界变成人的"生存世界"，成为"人化的自然"，成为对人有意义的人的"生活世界"、"属人的世界"。

人的"生活活动"的创造性和能动性，也充分表现了作为人的存在方式和发展方式的"生活活动"所具有的生成性特征。正是由于人的生活活动的生成特性，决定了人也是一种历史性的存在，"整个历史也无非是人类本性的不断改变而已。"① 人要生活，就要同自然以对象性关系相处。一方面，把自然作为人改造、征服的对象。人的存在就是一个把自然对象化或外化的过程；另一方面，人必须在依靠自然中改造自然，在改造自然中改造自身，这是一个相互作用、相互影响的辩证历史过程。人通过自己的"生活活动"，不仅使感性的外部世界越来越成为他劳动的对象，占有并创造对象世界，而且使人的"生存世界"变成了人的"生活世界"，使自在自然转化为人化自然，人正是在创造和对人有意义的"生活世界"、"属人世界"或"人化了的自然"中，实现自我，发展自我，从而实现了人自身历史性的发展。但在这一过程中，人与自然之间的矛盾与紧张是不可避免的，如何使这种关系达到和谐与动态的平衡，人起到主体性作用，这构成人类历史活动的一个重要方面。

由此可见，马克思正是从区别于动物的人的特有的"生活活动"去把握人的这种特殊的生命存在方式，即人既要按照自己的"意志和意识"去进行创造性的"生活活动"，又要按照客观对象的规律去创造对人"有意义"的世界。为他在后面的著作中把实践理解为人的存在方式，认为"社会生活在本质上是实践的"②，进而为马克思进一步从生产关系、制度基础来考察、理解人类把握世界的基本方式，深层次地深刻地揭示人与自然关系的社会维度和价值指向奠定了思想前提。

（二）以工业活动为历史基础的人与自然关系发生

马克思在 1844 年开始转向政治经济学研究，为的是找到解剖市民社会的钥匙。如果宗教信仰源于人的本质的自我异化，那么这种自我异

---

① 《马克思恩格斯文集》第 1 卷，人民出版社 2009 年版，第 632 页。
② 同上书，第 505 页。

化就必须通过分析世俗社会本身的矛盾和分裂来加以说明，以使世俗社会在实践中得到革命的改造。这是马克思在"德法年鉴时期"就形成的要求。那个时期的马克思希望能够在"关于财富的科学"① ——国民经济学中得到关于人在物质生活关系中的自我异化的解释，包括政治异化、宗教异化等在内的一切异化形态，这一理论取向固然源自于费尔巴哈的推动，但在一开始就超出了费尔巴哈的视野。

如果说黑格尔是以思辨唯心主义哲学为基础，从绝对精神的自我发展出发来说明自我意识的异化及其扬弃。那么费尔巴哈是用人的自我异化来说明宗教产生的根源，并站在把人的类本质规定为人的感性（对象）的高度，批判了黑格尔的思辨唯心主义。但费尔巴哈的不足和局限在于，费尔巴哈没能说明人为什么会达到这种自我异化。在马克思看来，其根源就是费尔巴哈把人的感性的类本质看成是预先设定的，所以他无法理解感性的类本质的实质。② 马克思批判地运用了费尔巴哈式的人本异化史观，作为自己思考问题的方法原则来批判黑格尔哲学。马克思在《德法年鉴》时期的文章中，揭示了资本主义社会中市民社会与人的类本质的二律背反现象：在市民社会中人处于相互对立的异化状态，在国家中人与人的异化又表现为抽象的普遍的本质，这样人的类本质的异化在国家中表现得更为深刻和更为隐蔽。马克思依仗费尔巴哈人本异化史观对黑格尔哲学进行了批判与清算，超越了当时的启蒙理性，进而实现了对市民社会本身的批判，这为马克思进一步真正实现对现实生活的唯物主义分析，从唯心史观中剥离出来，探寻分析社会历史的唯物主义原则，奠定了客观现实的基础。

在《1844年经济学哲学手稿》中是以费尔巴哈人的类本质异化的人本学为基础进行批判，使得马克思在经济学研究起点上异质于古典政

①　《马克思恩格斯文集》第 1 卷，人民出版社 2009 年版，第 226 页。

②　马克思看到了费尔巴哈人本学理论存在的困境和矛盾："他还从来没有看到现实存在着的、活动的人，而是停留于抽象的'人'，并且仅仅限于在感情范围内承认'现实的、单个的、肉体的人'，也就是说，除了爱与友情，而且是理想化了的爱与友情以外，他不知道'人与人之间'还有什么其他的'人的关系'。可见，他从来没有把感性世界理解为构成这一世界的个人的全部活生生的感性活动，——正是在共产主义的唯物主义者看到改造工业和社会结构的必要性和条件的地方，他却重新陷入唯心主义。"《马克思恩格斯文集》第 1 卷，人民出版社 2009 年版，第 530 页。

治经济学。在古典政治经济学中，研究的核心关系是体现私利的个体之间的关系，而在人本学那里，体现的是人与人之间的本真存在状态，但在马克思那里，从一开始就在现实中艰难地寻求，对现实工业生产的意义给予了高度的关注，并把这一有着特殊意义的工业作为人存在的现实历史基础来理解。①

马克思从"工业是自然对人的现实的历史关系"② 出发，把工业及其由工业产生的对象性的存在，看作是一本"打开了的关于人的本质力量的书"，看作是人的本质力量的现实展现。这样，马克思把"工业的历史和工业的已经生成的对象性的存在"与人的本质联系起来，认为人的本质力量是在工业的历史中被打开的，因此，对于人的本质的分析就只能通过对工业的分析来实现，并把以工业为基础的人的生活，看作是"真正人的生活"。③ 据此，马克思逻辑地推断出，"历史是人的真正的自然史"，④ 资本主义社会的工业为对象化劳动以及在其基础上人与自然的对象性关系的建立，奠定了现实的历史的基础。以工业为基础的人的对象性活动作为人的本质力量的呈现，其过程不仅是人自身的形成过程，也是人"有意识地扬弃自身的形成过程"。全部历史就是使"人作为人"的需要向"自然的、感性的"需要发展的历史，也是使"自然界生成为人这一过程的一个现实部分"⑤ 的历史，是"自然界对

---

① 马克思指出："工业的历史和工业的已经生成的对象性的存在，是一本打开了的关于人的本质力量的书，是感性地摆在我们面前的人的心理学；对这种心理学人们至今还没有从它同人的本质的联系，而总是仅仅从外在的有用性这种关系来理解，因为在异化范围内活动的人们仅仅把人的普遍存在……理解为人的本质力量的现实性和人的类活动。在通常的、物质的工业中人们可以把这种工业理解为上述普遍运动的一部分，正像可以把这个运动本身理解为工业的一个特殊部分一样。"《马克思恩格斯文集》第 1 卷，人民出版社 2009 年版，第 192 页。

② 《马克思恩格斯文集》第 1 卷，人民出版社 2009 年版，第 193 页。

③ "因此，如果把工业看成人的本质力量的公开的展示，那么自然界的人的本质，或者人的自然的本质，也就可以理解了；因此，自然科学将抛弃它的抽象物质的方向，或者更确切地说，是抛弃唯心主义方向，从而成为人的科学的基础，正像它现在已经——尽管以异化的形式——成了真正人的生活的基础一样；说生活还有别的什么基础，科学还有别的什么基础——这根本就是谎言。"《马克思恩格斯文集》第 1 卷，人民出版社 2009 年版，第 193 页。

④ 《马克思恩格斯文集》第 1 卷，人民出版社 2009 年版，第 211 页。

⑤ 同上书，第 194 页。

人来说的生成过程"。① 因此，资本主义社会的工业不仅创造着对象性
存在——人真正的、现实的自然界，即人化自然，也创造着"具有人
的本质的这种全部丰富性的人，创造着具有丰富的、全面而深刻的感觉
的人作为这个社会的恒久的现实"。② 由此来理解"自然界的人的本质"
和"人的自然本质"。因此，在马克思看来，以工业为基础的人和自然
界的对象性关系，即是"人对人来说作为自然界的存在以及自然界对
人来说作为人的存在"。③ 马克思这一观点与恩格斯在《英国状况》中
分析 18 世纪英国工业革命的作用和后果时所持有的观点是一致的，恩
格斯把英国的工业革命看作是"各种关系的基础"，也是推动社会发展
的"动力"。④

在《神圣家族》中，马克思进一步把人的本质与现实工业及生成
的社会联系起来，肯定工业作为历史现实在历史运动中的意义，确证对
某一历史时期的认识离不开这一时期的"工业，即生活本身的直接的
生产方式"⑤，就是要表达这样一个思想：对于人的本质的分析只能通
过对工业的分析来实现，特别是对工业社会中的社会关系进行科学分
析，现实的物质生产是考察人的本质的出发点。只有从"历史运动中"
才能真正把握"现实的个人"；只有从现实的具体的社会生活过程中才
能真正认识"历史现实"和"现实的个人"的关系，借此马克思找到
了理解人的本质的客观现实逻辑。

马克思强调"某一历史时期的工业和生活本身的直接的生产方式"
是确认人与自然关系的重要理论基点。这一观点在马克思和恩格斯合著
的《德意志意识形态》中得到进一步系统阐发和确证。

在《德意志意识形态》中，针对布鲁诺关于"自然和历史的对立"
论点，马克思论战道："如果懂得在工业中向来就有那个很著名的'人

---

① 《马克思恩格斯文集》第 1 卷，人民出版社 2009 年版，第 196 页。
② 同上书，第 192 页。
③ 同上书，第 196 页。
④ 为此马克思所确认的人的对象世界，就是"在人类历史中即在人类社会的形成过程
中生成的自然界，是人的现实的自然界；因此，通过工业——尽管以异化的形式——形成的
自然界，是真正的、人本学的自然界。"《马克思恩格斯文集》第 1 卷，人民出版社 2009 年
版，第 193 页。
⑤ 《马克思恩格斯文集》第 1 卷，人民出版社 2009 年版，第 350 页。

和自然的统一'，而且这种统一在每一个时代都随着工业或慢或快的发展而不断改变，就像人与自然的'斗争'促进其生产力在相应基础上的发展一样，那么上述问题也就自行消失了。"① 并就费尔巴哈所持有的关于自然科学只是"物理学家和化学家的眼睛才能识破的秘密"的观点，马克思也反驳道："如果没有工业和商业，哪里会有自然科学呢？甚至这个'纯粹的'自然科学也只是由于商业和工业，由于人们的感性活动才达到自己的目的和获得自己的材料的。"② 马克思在此要表达的思想是：以工业即人的感性活动是整个现存的感性世界的基础，而这个以感性活动即工业为中介的现实的世界是人的现实的自然，工业是人与自然关系生成的社会历史基础。

在此基础上，马克思指出，以工业为基础的人的生产方式决定着社会状况，因为"一定的生产方式或一定的工业阶段始终是与一定的共同活动方式或一定的社会阶段联系着的，而这种共同活动方式本身就是'生产力'"。③ 所以，马克思强调，应该把人与自然的关系始终置于"人类的历史"中，"同工业和交换的历史联系起来研究和探讨"④。

在之后写作的《资本论》中，马克思从工业出发来认识资本主义社会关系，站在工业立场上批判物化的资本主义社会关系对人的奴役及对自然的单向控制与掠夺，并站在经济学的立场上认证共产主义社会的必然性。

马克思在《资本论》中分析资本主义劳资关系时，指出劳动作为一个范畴，可以撇开劳动创造财富的具体活动形式的一切规定，抽象为

---

① 《马克思恩格斯文集》第 1 卷，人民出版社 2009 年版，第 529 页。

② 马克思认为"这种活动、这种连续不断的感性劳动和创造、这种生产，正是整个现存的感性世界的基础，它哪怕只中断一年，费尔巴哈就会看到，不仅在自然界将发生巨大的变化，而且整个人类世界以及他自己的直观能力，甚至他本身的存在也会很快就没有了。当然，在这种情况下，外部自然界的优先地位仍然会保持着，而整个这一点当然不适用于原始的、通过自然发生的途径产生的人们。但是，这种区别只有在人被看做是某种与自然界不同的东西时才有意义"。并在此基础上马克思强调："先于人类历史而存在的那个自然界，不是费尔巴哈生活于其中的自然界；这是除去在澳洲新出现的一些珊瑚岛以外今天在任何地方都不再存在的、因而对于费尔巴哈来说也是不存在的自然界。"《马克思恩格斯文集》第 1 卷，人民出版社 2009 年版，第 530 页。

③ 《马克思恩格斯文集》第 1 卷，人民出版社 2009 年版，第 532 页。

④ 同上书，第 533 页。

劳动一般，这适用于被抽象了的社会形式。但劳动作为创造财富的活动，只有在一定的社会历史条件下，才能表现为真实的东西。而且，就劳动这种"抽象的规定性本身"① 同样是历史条件的产物，因为只有在一定的具体的历史条件下劳动对社会来说才具有效用性。因此，马克思批判以前的经济学家，把生产看作是与历史无关的事情，这样就把资本主义社会当作社会一般的永恒规律。正如马克思在批判蒲鲁东的社会概述时指出，他不是从周围的人们的现实社会关系中，而是从"社会"的概念中推论现实的。他的社会观点是指这样一种抽象，它抽掉了"一定的社会结构和社会关系，因而也抽掉了由它们产生的各种矛盾"。② 在马克思看来，"一切生产都是个人在一定社会形式中并借这种社会形式而进行的对自然的占有。"③ 这里马克思所说的"占有"和"财产"是同义词，是生产的一个条件，没有财产，没有占有，就没有生产，也就没有任何社会。

换句话说，劳动只有在社会中或通过社会才能创造财富，只有在社会中人才能实现对自然的占有。这句话表达了马克思一个核心的观点，就是说，如果只是从抽象出来的所谓的生产的一般的、普遍的、共同的规定性出发，把劳动与生产的现实基础和历史条件割裂开来，这就"不可能理解任何一个现实的历史的生产阶段"④，也就不能真正理解现代资产阶级社会的生产。马克思正是从以工业为基础的社会及其这个社会的"私有财产的运动造成的贫穷出发"⑤，"发现这种形成所需的全部材料"⑥，把这些一定历史时期下的经济条件及由这些条件决定的社会关系，即生产关系和交换关系当作是人存在的现实基础。

因此，在《1857—1858年经济学手稿》的导言中，马克思开宗明义地指出，当人们把社会作为一个范畴来研究时，"主体——这里是现

① 《马克思恩格斯文集》第8卷，人民出版社2009年版，第29页。
② 同上书，第93页。
③ 同上书，第11页。
④ 同上书，第12页。
⑤ 《马克思恩格斯文集》第1卷，人民出版社2009年版，第259页。
⑥ 同上书，第192页。

代资产阶级社会——都是既定的"①，"现代资产阶级生产——这种生产事实上是我们研究的本题"。这样，马克思从一开始就把自己的研究对象定位在资产阶级社会的生产上。②

① 《马克思恩格斯文集》第 8 卷，人民出版社 2009 年版，第 30 页。
② 所以，马克思指出："历史破天荒第一次被置于它的真正基础上，人们首先必须吃、喝、住、穿，就是说首先必须劳动，然后才能争取统治，从事政治、宗教和哲学等，这一事实在历史上的应有之义此时终于获得了承认。"（《马克思恩格斯文集》第 3 卷，人民出版社 2009 年版，第 459 页）因此，"唯心主义从它的最后的避难所即历史观中被驱逐出去了，一种唯物主义的历史观被提出来了，用人们的存在说明他们的意识，而不是像以往那样用人们的意识说明他们的存在这样一条道路已经找到了。"（《马克思恩格斯文集》第 9 卷，人民出版社 2009 年版，第 29 页）

第三章　人与自然关系演进的
社会历史维度

马克思对自然的理解不是从人之外的自然界出发，寻找抽象的客观性；也不是从自然界之外的人出发去寻找抽象的主观性，而是以"人的社会存在"为基础，把对自然的理解融入对历史以及人的社会实践的理解中；从人对自然的感性对象性活动（实践）去说明现实的人的存在和人化的现实世界，从人的现实生活过程出发去解释现实世界的历史。在此基础上，马克思以工业生产方式下人与自然历史性的实践关系视阈，从主体的能动实践活动过程的角度，对人与自然关系进行了社会历史审视。这不仅把人与自然的关系推进到社会历史层面，同时也把人对自然的关系看作是社会历史的现实基础。人通过实践活动，改造着外部世界，使现实世界对人来说成为自然的历史，同时在人的实践活动中人也创造着自身，成为历史的自然。自然的历史和历史的自然是"人同自然界的完成了的本质的统一"。

一　人与自然关系发展的客观历史过程：
自然的历史与历史的自然

（一）从两个方面理解历史——人类史和自然史

马克思把自然界和人类社会理解为历史发展过程。

关于人类史的形成，马克思批判地吸收了黑格尔把一切存在，即把整个自然的、历史的和精神的世界看成是自我不断否定、自我实现的活动过程的思想，但马克思同时指出，这种历史还不是"作为人"的人即主体的人的"现实历史"。这种思维方法只为人的实践活动、人的形成等历史的运动找到了"抽象的、逻辑的、思辨的表达,"① 在马克思看来,所谓历史"不外是人通过人的劳动而诞生的过程,是自然界对人来说的生成过程",② "是为了使'人'成为感性意识的对象和使'人作为人'的需要成为需要而作准备的历史(发展的历史)。"③ 在《神圣家族》和《哲学的贫困》中,马克思进一步指出:"历史不过是追求着自己目的的人的活动而已。"④ "整个历史也无非是人类本性的不断改变而已。"⑤ 正由于人的有目的的实践活动,才使人们之间有了物质联系。所以,在《德意志意识形态》中马克思谈到,由于人们这种"物质联系是由需要和生产方式决定的,它和人本身有同样长久的历史;这种联系不断采取新的形式,因而就表现为'历史'。"⑥ 可见,人类是在生产和再生产自己的生活中创造着自己的历史。人类史是人的劳动史,也是人作为历史主体不断改造自然、改造自身的实践活动过程。在此基础上,马克思提出了著名的"历史是人的真正的自然史"的命题。⑦

从以上分析可以看出,马克思与黑格尔在历史观上的根本不同之处在于,他把自然和历史看作是人类生存、活动并表现自己的两个不可分割的"环境"。把人类历史本身看作是人通过自身的对象化活动——劳动,生成为自然史的现实部分的过程;同时,又把自然界看作是人通过劳动使自然界生成为人的现实的自然界的过程,即自然界的人化过程。

当然,自然界要生成为人的现实部分,其前提是人的存在,即从事实际劳动以满足自身生存需要的人的存在,他们如何生存,如何行动,取决于他们生存所需要的物质条件和他们所处的历史条件,而这些条件是人在生产中经过某种历史过程才能形成的,是"长期的、痛苦的历

---

① 《马克思恩格斯文集》第1卷,人民出版社2009年版,第201页。
② 同上书,第196页。
③ 同上书,第194页。
④ 同上书,第295页。
⑤ 同上书,第632页。
⑥ 同上书,第533页。
⑦ 同上书,第211页。

史发展的自然产物。"作为这一时期生产的自然前提的东西，通过生产过程，变成了历史的东西，因为它对于前一个时期来说就成了生产的"历史结果"。①

因此，尽管人与自然的关系是在一定的自然基础上形成的。但马克思认为，任何历史都"应当从这些自然基础以及它们在历史进程中由于人们的活动而发生的变更出发"。② 对于个体来说，他的生产、分工都是在某种生产条件和交往关系下进行的，而这些条件和关系又是在一定历史过程中才能形成的，都会"遇到一定的物质结果"。"人对自然以及个人之间历史地形成的关系"③，也就表现为"自然的必然性"。所以，"历史是人的真正的自然史"。

马克思在致帕维尔·瓦西里耶维奇·安年科夫（1846 年 12 月 28 日）信中，当谈及人类历史的形成时，他指出，由于"后来的每一代人都得到前一代人已经取得的生产力并当做原料来为自己新的生产服务，由于这一简单的事实，就形成人们的历史中的联系，就形成人类的历史，这个历史随着人们的生产力以及人们的社会关系的愈益发展而愈益成为人类的历史"。④ 而且，在马克思看来，"人们的社会历史始终只是他们的个体发展的历史，而不管他们是否意识到这一点。他们的物质关系形成他们的一切关系的基础。这种物质关系不过是他们的物质的和个体的活动所借以实现的必然形式罢了。"⑤ 可见，马克思把人类史也看作是社会发展的历史。

从以上对马克思关于人的活动、人的历史形成的论断分析，可以看出，马克思在此要表达的就是把人对自然以及个人之间的关系从一开始就确认为是一种自然历史关系。这种关系不会作为"源于精神的精神"消融在"自我意识"中，而是使"人"成为感性对象、为"人作为人"的需要做准备，使自然界生成为人的一个现实部分的自然历

---

① 《马克思恩格斯文集》第 8 卷，人民出版社 2009 年版，第 20 页。
② 《马克思恩格斯文集》第 1 卷，人民出版社 2009 年版，第 519 页。
③ 同上书，第 544 页。
④ 《马克思恩格斯文集》第 10 卷，人民出版社 2009 年版，第 43 页。
⑤ 同上。

史过程。① 人的需要、他们的生产力、生产方式等生存条件以及由这一切生存条件所产生的人与人之间的关系构成了人"现实的、世俗的"历史。

（二）社会发展是一个自然历史过程

马克思不仅把人类史看作是社会历史发展过程，还把社会发展理解为自然历史过程。② 他指出："到目前为止的历史总是像一种自然过程一样的进行，而且实质上也是服从同一运动规律的。"③ 这一规律就是生产力和生产关系的矛盾运动规律，它们与自然规律一样带有必然性。所以马克思强调"我的观点是把经济的社会形态的发展理解为一种自然史的过程"。④

马克思以现实的人的感性活动即实践为理论视角，在把社会发展看作是自然历史过程的同时，论证了自然与历史、自然史与人类史的相互关系。马克思把历史与自然史看作是遵循"同一规律"的论断，表明马克思把自然界置于人类社会和历史发展的背景中考察，马克思视野中的自然界是在社会历史进程中生成的现实的自然界，是人的本质力量不断展开的"历史的自然"，自然史就是以人的感性实践活动为中介的对

---

① 马克思论述道："历史不是作为'源于精神的精神'消融在'自我意识'中而告终的，历史的每一阶段都遇到一定的物质结果，一定的生产力总和，人对自然以及个人之间历史地形成的关系，都遇到前一代传给后一代的大量生产力、资金和环境，尽管一方面这些生产力、资金和环境为新的一代所改变，但另一方面，它们也预先规定新的一代本身的生活条件，使它得到一定的发展和具有特殊的性质。由此可见，这种观点表明：人创造环境，同样，环境也创造人。每个个人和每一代所遇到的现成的东西：生产力、资金和社会交往形式的总和，是哲学家们想象为'实体'和'人的本质'的东西的现实基础。"《马克思恩格斯文集》第1卷，人民出版社2009年版，第545页。

② 他在致安年科夫的那封信中所指出的："人们不能自由选择自己的生产力——这是他们的全部历史的基础，因为任何生产力都是一种既得的力量，是以往的活动的产物。可见，生产力是人们应用能力的结果，但是这种能力本身决定于人们所处的条件，决定于先前已经获得的生产力，决定于在他们以前已经存在，不是由他们创立而是由前一代人创立的社会形式。"《马克思恩格斯文集》第10卷，人民出版社2009年版，第43页。马克思在信中继续追问说："社会——不管其形式如何——是什么呢？是人们交互活动的产物。人们能否自由选择某一社会形式呢？决不能。"《马克思恩格斯文集》第10卷，人民出版社2009年版，第42页。

③ 《马克思恩格斯文集》第10卷，人民出版社2009年版，第593页。

④ 《马克思恩格斯文集》第5卷，人民出版社2009年版，第10页。

象世界不断生成、拓展、深化的过程，驳斥那种把自然与历史对立起来的观点，从而解决了自然与历史之间的对立。"历史的自然"科学地说明了历史与自然在物质生产方式的基础上的辩证统一关系。

但他认为，只要有人存在，人类史（社会发展史）与自然史这两方面既相互联系又相互区别和相互制约。马克思赞同维科关于"人创造自己的历史"的观点，把人类史的形成看作是主体"人"的有意识、有目的的实践活动。但他同时认识到，人类史同自然史又是有区别的，人类史是我们自己创造的，而自然史不是我们自己创造的。

关于人类史（社会史）和自然史这两方面的区别与联系，恩格斯在《路德维希·费尔巴哈和德国古典哲学的终结》也有过深刻的阐述。恩格斯指出，在自然界中"在所发生的任何事情中，无论在外表上看得出的无数表面的偶然性中，或者在可以证实这些偶然性内部的规律性的最终结果中，都没有任何事情是作为预期的自觉的目的发生的。相反，在社会历史领域内进行活动的，是具有意识的、经过思虑或凭激情行动的、追求某种目的的人；任何事情的发生都不是没有自觉的意图，没有预成的目的的。"①

所以，恩格斯在给瓦·博尔吉乌斯（1894 年 1 月 25 日）信中说到，在社会历史发展过程中，个人意志和力量并不总是与社会意志和力量相一致的。"人们自己创造自己的历史，但是到现在为止，他们并不是按照共同的意志，根据一个共同的计划，甚至不是在一个有明确界限

---

① 恩格斯指出："尽管各个人都有自觉预期的目的，总的说来在表面上好像也是偶然性在支配着。人们所预期的东西很少如愿以偿，许多预期的目的在大多数场合都互相干扰，彼此冲突，或者是这些目的本身一开始就是实现不了的，或者是缺乏实现的手段。这样，无数的单个愿望和单个行动的冲突，在历史领域内造成了一种同没有意识的自然界中占统治地位的状况完全相似的状况。行动的目的是预期的，但是行动实际产生的结果并不是预期的，或者这种结果起初似乎还和预期的目的相符合，而到了最后却完全不是预期的结果。这样，历史事件似乎总的说来同样是由偶然性支配着的。"《马克思恩格斯文集》第 4 卷，人民出版社 2009 年版，第 301 页。之后，恩格斯在致约·布洛赫的信中更明确地指出，"历史是这样创造的：最终的结果总是从许多单个的意志的相互冲突中产生出来的，而其中每一个意志，又是由于许多特殊的生活条件，才成为它所成为的那样。这样就有无数互相交错的力量，有无数个力的平行四边形，由此就产生出一个合力，即历史结果，而这个结果又可以看做一个作为整体的、不自觉地和不自主地起着作用的力量的产物。"《马克思恩格斯文集》第 10 卷，人民出版社 2009 年版，第 592 页。

的既定社会内来创造自己的历史。"① "人们自己创造自己的历史，但他们是在既定的、制约着他们的环境中，是在现有的现实关系的基础上进行创造的，在这些现实关系中，经济关系不管受到其他关系——政治的和意识形态的——多大影响，归根到底还是具有决定意义的，它构成一条贯穿始终的、唯一有助于理解的红线。"② "经济条件归根到底是制约着历史发展的东西。"③

从以上马克思、恩格斯的论述中，我们可以看出，自然的历史过程是受自然规律支配的自在运动形式。而人类史（社会历史）则不同，它是在人们"自觉的意图"和"预成的目的"的自觉活动中，形成了社会历史的发展规律，并在这种不以个人的意志为转移的社会规律中形成了人类社会的历史。所以，马克思在《资本论》出版的第一版序言中明确指出："一个社会即使探索到了本身运动的自然规律，本书的最终目的就是揭示现代社会的经济运动规律——，它还是既不能跳过也不能用法令取消自然的发展阶段。"④ 即是说，只有一方面把历史奠定在人特有的自由自觉的和对象化的实践活动的基础上；另一方面强调人类历史服从于内在的规律，才能真正建立起自由自觉的实践活动和社会关系及其规律之间的内在统一，这也是马克思把人与自然的客观现实关系置入历史层面的核心所在。

（三）人与自然关系的历史生成与社会发展的同一性

马克思把自然界同社会发展历史过程连接起来，认为人与自然关系的历史生成与社会的发展具有同一性。

马克思从现实的个人存在是人与自然关系发生的历史前提出发，在《德意志意识形态》中强调，人类历史"第一个需要确认的事实就是这些个人的肉体组织以及由此产生的个人对其他自然的关系……任何历史记载都应当从这些自然基础以及它们在历史进程中由于人们的活动而发

---

① 《马克思恩格斯文集》第 10 卷，人民出版社 2009 年版，第 669 页。
② 同上书，第 668 页。
③ 同上。
④ 《马克思恩格斯文集》第 5 卷，人民出版社 2009 年版，第 9 页。

生的变更出发"①，"历史的每一阶段都遇到一定的物质结果，一定的生产力总和，人对自然以及个人之间历史地形成的关系"。② 从这可以看出，一方面，马克思把人与自然关系的历史看作是社会历史不可或缺的重要部分，建立在人的实践活动即人的对象活动基础上的人与自然关系是社会的和历史的产物，人与自然关系的发展有赖于人及其社会的发展进程。另一方面，马克思把处在历史生成中的人与自然关系的发展看作是社会历史进步的前提条件和社会历史发展的基础，社会历史的进步和发展受制于人与自然关系的发展状态，人对自然的关系最终决定着社会历史的进程。

马克思把人对自然的关系纳入历史范畴，把它看作是社会历史的"现实基础"的观点，突破了以往把"把人对自然界的关系从历史中排除出去了，因而造成了自然界和历史之间的对立"③ 的传统观念，克服了旧唯物主义把人放在自然界旁观地位的局限，从而为社会历史观奠定了科学的自然观的基础。

为此，马克思把人与自然关系的发展进程科学地划分为三个历史阶段。

马克思把资产阶段社会之前的社会形式，即"家长制的、古代的或封建的"人的依赖关系确定为社会的最初形式。在这种形式下，人的生产能力只是在狭小的范围内和孤立的地点上发展着。生产力低下和人的依附性是这一社会形式的基本特征。在这一社会形式下，"自然界起初是作为一种完全异己的、有无限威力的和不可制服的力量与人们对立的，人们同自然界的关系完全像动物同自然界的关系一样，人们就像牲畜一样慑服于自然界"。④ 人对自然界的关系还只是带有"动物的性质"的生存关系，还没有达到支配和控制自然使其为人的目的服务的阶段。由于交换关系、交换价值以及以货币为代表的这些"抽象的物"

① 《马克思恩格斯文集》第 1 卷，人民出版社 2009 年版，第 519 页。
② 同上书，第 544 页。
③ 但马克思认为："迄今为止的一切历史观不是完全忽视了历史的这一现实基础，就是把它仅仅看成与历史过程没有任何联系的附带因素。"《马克思恩格斯文集》第 1 卷，人民出版社 2009 年版，第 545 页。
④ 《马克思恩格斯文集》第 1 卷，人民出版社 2009 年版，第 534 页。

还不发达，个人之间只是作为"封建主和臣仆、地主和农奴，或作为姓氏成员，或属于某个等级等等"这些具有"某种规定性的"个人发生关系，① 他们的物质生产及其生活方式是建立在"人身依附"的基础上，他们之间的社会关系体现为"人的依赖关系"。这也历史地决定了这一社会形式下的"人们之间的关系以及人们同自然之间的关系的狭隘性"。②

马克思把"以物的依赖性为基础的人的独立性"为特征的资产阶级社会看作是社会发展的"第二大形式"。③ 随着分工和交换关系的发展，体现着人的关系，如姓氏、等级等具有"某种规定性的""纽带"被打破了。人们在物质生产劳动中所结成的社会关系便"披上物之间即劳动产品之间的社会关系的外衣"。

在这一社会发展阶段上，个人之间依赖交换价值、货币等物而形成了对社会关系的全面依赖。从社会产生出来的社会关系并不依赖和从属于个人，而是表现为对于个人来说是异己的关系。交换价值成为人们生产活动的本质关系，人们对物的依赖使得人们之间的社会关系由人的关系转化为物与物的关系。人们之间的被物化的社会关系，使物具有了社会属性，并离开人、外在于人而独立地存在，整个生产关系和交换关系不仅使人从属于这些关系，而且对于个人来说表现出异己性而统治着人。这样，"人的社会关系转化为物的社会关系，人的能力转化为物的能力"，④ 不是人占有着社会关系，而是这些物化的社会关系控制着人，人从属于这种关系。谁占有了物，谁就以物的形式取得并占有着社会权力，从而也就拥有了支配和控制人的权力。"生产和消费的普遍联系和全面依赖随着消费者和生产者的相互独立和漠不关心而一同增长"。⑤可见，建立在物的依赖性基础上的社会关系，不仅体现了与"外表上独立的个人"他们之间的对立，也将必然造成人对自然关系的异化。

但马克思并不否定第一阶段上的人的依赖关系中所具有的物的性

---

① 《马克思恩格斯文集》第 8 卷，人民出版社 2009 年版，第 58 页。
② 《马克思恩格斯全集》第 49 卷，人民出版社 1982 年版，第 195 页。
③ 《马克思恩格斯文集》第 8 卷，人民出版社 2009 年版，第 52 页。
④ 同上书，第 51 页。
⑤ 同上书，第 55 页。

质，只不过这种物更多地受制于自然性和狭隘性，社会关系才表现为人的关系。而第二阶段上的以人的独立为基础的物的联系，在马克思看来，既是社会生产力和交换关系发展的产物，也是"历史的产物"。所以，马克思指出，只是到了"以物的依赖性为基础的人的独立性"阶段，"才形成普遍的社会物质变换、全面的关系、多方面的需要以及全面的能力的体系"。① 马克思把"建立在个人全面发展和他们共同的、社会的生产能力成为从属于他们的社会财富这一基础上的自由个性，是第三个阶段。第二个阶段为第三个阶段创造条件"②。这种建立在全面发展的个人基础上的"自由人联合体"，马克思称之为共产主义社会。在这种社会形式下，独立于人之外、与人对立的物与物的社会关系，回到了人自身。"人对于自己产品的异己关系的消灭，供求关系的威力也将消失，人们将使交换、生产及他们发生相互关系的方式重新受自己的支配。"③ 人们有计划地、自觉而自由地用社会生产资料进行社会活动社会生产，自己共同控制着社会关系，社会力量不再作为异己的力量统治着人，并在创造着自己丰富的社会关系中创造着自己并创造着合理的人与自然有关系。所以，马克思卓有远见地指出，到了那时，社会才真正是"人同自然界的完成了的本质的统一，是自然界的真正复活"，④ "是人和自然界之间、人和人之间的矛盾的真正解决"。⑤

二 人与自然关系的社会历史分析

人作为对象性活动主体，不是超历史的、抽象的存在，而是处在一定具体时代下的历史存在。⑥ 人类通过自己的历史性的"生活活动"，

---

① 《马克思恩格斯文集》第 8 卷，人民出版社 2009 年版，第 52 页。
② 同上。
③ 《马克思恩格斯文集》第 1 卷，人民出版社 2009 年版，第 539 页。
④ 同上书，第 187 页。
⑤ 同上书，第 185 页。
⑥ 马克思曾经指出："人的存在是有机生命所经历的前一个过程的结果。只是在这个过程中的一定阶段上，人才成为人。但是一旦人已经存在，人，作为人类历史的经常提前，也是人类历史的经常的产物和结果，而人只有作为自己本身的产物和结果才成为前提。"《马克思恩格斯全集》第 26 卷（第 3 册），人民出版社 1974 年版，第 545 页。

即实践活动，创造出来对人"有意义"的"生活世界"，并在这一生活世界中实现人类自身历史性的发展。从这个意义上说，人生活的自然界是处在社会关系历史发展的进程中的自然界，是人的社会生活及其实践意义上的自然界。这是马克思对人作为历史的"前提"与"结果"辩证关系的本质表达，也是对人与自然关系历史发展的方式的深刻阐发。为马克思从人的这种实践的存在方式和发展方式出发，历史地辩证地审视人与自然关系的创生关系，从历史的"暂时性"去理解人及其世界的存在，实现对人的生活世界中"现存的一切进行无情的批判"奠定了方法论基础。

（一）人与自然的客观一体关系

马克思从人与自然的内在联系出发，揭示人与自然关系的内在一体性维度。

在马克思看来，人的现实生活，无论是人的物质生活还是精神生活，他们与自然界是联系在一起的。首先，从人的精神生活的来源来看，自然界是人的意识、思想、精神活动的对象，也是人的理论和精神创造的源泉。所以，自然界是"人的精神的无机界"。其次，从人的物质生活的内容来看，自然界是人的直接的生活资料，也是人为了生存而必然"与之不断交往"的对象，是人物质生活的一部分，"自然界，就它自身不是人的身体而言，是人的无机的身体。人靠自然界生活。这就是说，自然界是人为了不致死亡而必须与之处于持续不断的交互作用过程的、人的身体"。① 从这个角度，马克思把作为人生命活动对象的自然界看作是"人的无机身体"。再次，从人的生产劳动得以实现的物质条件上来看，如果没有自然界给人提供的人类生存所需的生产资料和生活资料，人的劳动也就不能存在。所以，马克思从这一意义上指出："人靠自然界生活"，"通过这种运动作用于他身外的自然并改变自然"，② 但如果"没有自然界，没有感性的外部世界，工人什么也不能

---

① 《马克思恩格斯文集》第 1 卷，人民出版社 2009 年版，第 161 页。
② 《马克思恩格斯文集》第 5 卷，人民出版社 2009 年版，第 208 页。

创造"。①

因此，马克思认为，自然界和人的同一性表现在：人是自然界的一部分，自然界也是不断地被纳入和融入人的生活（精神生活和物质生活）中去的一部分，人与自然的关系"不外是说自然界同自身相联系"。② 因此，人与自然的关系决定着人与人的关系，而人与人的关系同样也制约和影响着人与自然的关系。

可以看出，马克思所探讨的自然界，并不是与人的活动分离的直观、抽象的自然界，而是被纳入人的感性实践活动中，获得人自身存在规定的人的感性世界，即人现实的世界。当从这个现实的自然界出发考察自然时，自然就不再是与人及其人的活动分离的抽象物，历史性就植入于自然之中。马克思在讲到现实的个人的存在时曾经指出："这是一些现实的个人，是他们的活动和他们的物质生活条件，包括他们已有的和由他们自己的活动创造出来的物质生活条件。"③ 这也就是说，这些现实的个人存在是通过"他们的活动和他们的物质生活条件"展现出来的。马克思强调现实的人的活动和他们的物质生活条件，不是否定外部世界的先在性，"任何历史记载都应当从这些自然基础以及它们在历史进程中由于人的活动而发生的变更出发。"④ 先于人类存在的外部自然物质世界是人类生存和发展的必然的自然基础。没有感性的外部世界，人什么也做不了；但这些自然基础不是外在于人而独立存在着；人的活动能够引起它们的运动或变更。这里的人的活动实践就是人的感性的实践活动。

因此，一旦人开始运用已有的物质生活条件或在感性活动中创造的新的物质生活条件下生产时，自然的历史和历史的自然也就从这开始。自然世界就成了人活动的对象，它将随着人的感性实践活动的展开，不断从自在自然生成为人的对象性自然，成为人的现实世界——对象性世界，即人现实生活的世界。人与自然之间的关系就是在人的现实的具体的感性实践中历史地生成的。人创造着人自身——历史世

---

① 《马克思恩格斯文集》第 1 卷，人民出版社 2009 年版，第 158 页。
② 同上书，第 161 页。
③ 同上书，第 519 页。
④ 同上。

界，也在创造着人的对象世界——自然的历史。这样，马克思以实践为基础的人与自然之间的"对象性存在"的思想，既坚持了自然的客观实在性和优先性，又肯定了人的现实的感性的实践活动的能动意义。人与自然处在辩证的统一关系中。① 为此，马克思在 1868 年 12月 12 日给恩格斯的信中，在谈到著名博物学家托·赫胥黎发表的比通常"更具有唯物主义精神的"演讲时，他又一次强调自己始终如一坚持的哲学立场："当我们真正观察和思考的时候，我们永远也不能脱离唯物主义。"②

所以，从本体论意义上说，马克思从来没有在强调人主体能动性时，忽略了自然的先在性和制约于人的自然的必然性，也从来没有把人与自然看作是对立的两极，而是始终把人与自然置于辩证统一关系中去理解。把人看作是自然的一部分，把自然看作是人的"精神的无机界"与"无机的身体"，同时把自然看作是以人的感性的实践为基础向着人的生成过程，开创了辩证地看待人与自然关系的理论视野。

（二）人的对象性存在与对象的"为我存在"

按照黑格尔在《精神现象学》中的理解，劳动在自我意识的形成过程中，起着基础性的作用。自我意识在劳动中得到确证，并获得一种新的自我意识，推动着自我意识的发展。马克思在肯定黑格尔从劳动出

---

① 从这一意义上看，马克思认为："人对人来说作为自然界的存在以及自然界对人来说作为人的存在，已经成为实际的、可以通过感觉直观的，所以关于某种异己的存在物、关于凌驾于自然界和人之上的存在物的问题，即包含着对自然界的和人的非实在性的承认的问题，实际上已经成为不可能的了。"《马克思恩格斯文集》第 1 卷，人民出版社 2009 年版，第 196页。

② 正如恩格斯所说的："因此我们每走一步都要记住：我们决不像征服者统治异族人那样支配自然界，决不像站在自然界之外的人似的去支配自然界——相反，我们连同我们的肉、血和头脑都是属于自然界和存在于自然界之中的；我们对自然界的整个支配作用，就在于我们比其他一切生物强，能够认识和正确运用自然规律"。"学会认识并从而控制那些至少是由我们的最常见的生产行为所造成的较远的自然后果。而这种事情发生得越多，人们就越是不仅再次地感觉到，而且也认识到自身和自然界的一体性，那种关于精神和物质、人类和自然、灵魂和肉体之间的对立的荒谬的、反自然的观点，也就越不可能成立了。"《马克思恩格斯文集》第 9 卷，人民出版社 2009 年版，第 560 页。

发来理解人的本质时指出，① 虽然黑格尔哲学是唯心史观，并且是"站在国民经济学家的立场上"，但他揭示了人的本质及劳动之间的本真关系。

马克思在《手稿》中汲取了黑格尔关于劳动的合理思想，批评了国民经济学家把劳动理解为异化劳动的立场，并由此出发，把对象化劳动与异化劳动区分出来，指出异化是现实劳动的存在方式，对象化则是人的本质力量的展现。并在肯定黑格尔关于"劳动本质"这一观点的基础上，运用费尔巴哈的类本质概念，把人的自由自觉的活动，看作是感性对象性活动，即把劳动当作人的本质规定，将人的存在方式与人的本质规定联系起来考虑，把通过劳动而创造出来的对象看作是人的本质力量的对象化产物。马克思在对黑格尔哲学和国民经济学的批判中形成的"把工作看作是人的本质力量的公开展示"② 的哲学思维路径，是马克思站在费尔巴哈人本学立场上扬弃异化劳动，改造黑格尔哲学的一个重要成果。

但马克思同时指出，黑格尔哲学中的对象化不是现实存在的对象，而是由意识设定的，因此对象中的物性也是由意识设定的，"自我意识通过自己的外化所设定的只是物性，即只是抽象物、抽象的物，而不是现实的物"。③ 在马克思看来，人之所以能对对象确定，是因为他本身也是由对象设定，④ 也就是说人的对象性活动是由人的自然本性所决定的。只有在对象化活动中，才能真正体现人的本质力量，人才是"具有自然力、生命力，是能动的自然存在物"，⑤ 从而把对象确定为人的现实的对象，是人活动的产物。

---

① "黑格尔把人的自我产生看做一个过程，把对象化看做非对象化，看做外化和这种外化的扬弃；可见，他抓住了劳动的本质，把对象性的人、现实的因而是真正的人理解为人自己的劳动的结果。"《马克思恩格斯文集》第1卷，人民出版社2009年版，第205页。

② 《马克思恩格斯文集》第1卷，人民出版社2009年版，第193页。

③ 同上书，第208页。

④ 马克思指出："当现实的、肉体的、站在坚实的呈圆形的地球上呼出和吸入一切自然力的人通过自己的外化把现实的、对象性的本质力量设定为异己的对象时，设定并不是主体；它是对象性的本质力量的主体性，因此这些本质力量的活动也必须是对象性的活动……它所以只创造或设定对象，因为它是被对象所设定的，因为它本来就是自然界。"《马克思恩格斯文集》第1卷，人民出版社2009年版，第209页。

⑤ 《马克思恩格斯文集》第1卷，人民出版社2009年版，第209页。

马克思在对象化活动中确定"人直接地是自然存在物"的同时，进一步确证，对象也是作为对象性存在的人的"为我存在"。

在马克思在《手稿》中指出："人同自身以及同自然界的任何自我异化，都表现在他使自身、使自然界跟另一些与他不同的人所发生的关系上"，① 表现在人与自然之间的对象性关系上。人作为对象性存在，能否使对象成为"他的对象，这取决于对象的性质以及与之相适应的本质力量的性质；因为正是这种关系的规定性形成一种特殊的、现实的肯定方式"，② 也就是说，人作为自然存在物，是被对象即自然界限制的存在物；但作为人的本质力量体现的对象化活动，不仅要使对象作为人的对象，而且使人能够把现实的、感性的对象，或者说人创造的或设定的对象成为人的本质力量的确证，从而使对象成为"对我存在"。从这个意义上看，人的对象性活动是由人作为对象性存在的自然本性所决定的。

所以，在马克思看来，只有当人成为对象性存在的人，他们的感觉是"为了物而同物发生关系，但物本身是对自身和对人的一种对象性的、人的关系"，③ 同时，只有当物成为"为我存在"的物，使"物按人的方式同人发生关系时，我才能在实践上按人的方式同物发生关系"。④ 所以说，人类"生存的世界"，如何成为人类认识和改造的对象世界，取决于两个方面的统一：即对象本身的性质和人自己的本质力量的性质，这二者的统一才能构成人与世界的实践关系。

因此，马克思论断道："一方面为了使人的感觉成为人的，另一方面为了创造同人的本质和自然界的本质的全部丰富性相适应的人的感

---

① 《马克思恩格斯文集》第 1 卷，人民出版社 2009 年版，第 165 页。马克思之后又更详尽地解释了人的对象性存在的根据："一个存在物如果在自身之外没有自己的自然界，就不是自然存在物，就不能参加自然界的生活。一个存在物如果在自身之外没有对象，就不是对象性的存在物。一个存在物如果不是第三存在物的对象，就没有任何存在物作为自己的对象，就是说，它没有对象性的关系，它的存在就不是对象性的存在。"《马克思恩格斯文集》第 1 卷，人民出版社 2009 年版，第 210 页。

② 《马克思恩格斯文集》第 1 卷，人民出版社 2009 年版，第 191 页。

③ 同上书，第 190 页。

④ 同上。

觉，无论从理论方面还是从实践方面来说，人的本质的对象化都是必要的。"① 唯有如此，才能实现"人对对象的占有，对人的现实的占有"②，人通过对象性关系实现对自身现实的占有，是"人的能动和人的受动，因为按人的方式来理解的受动，是人的一种自我享受"③。

可见，作为人的本质力量表现的对象性活动，虽然是从费尔巴哈人本学立场上得以引申的，但在一定意义上成为马克思在《关于费尔巴哈的提纲》与《德意志意识形态》实践概念的基础。

（三）对"主体"与"客体""关系"性存在的确认

在哲学发展史上，人们曾用"主客分立"、"物我两分"的思维方式去看待和解释认识"主体"与"现实"或"客观事物"的关系：把"现实"看作是与主体无关的"客观存在"，看作是无人之物；而把"主体"看作是超历史的、抽象的存在，而没有理解任何时代的"主体"都是现实的、历史的存在。无论是主体服从客体还是客体服从主体，其根本特征都是主体与客体的对立，主客体对立的特征体现为它们只是外在的关系，不是作为关系存在。因此，"主体"与"客体"虽然都是属于"感性存在"的"人"与"物"，但是"感性存在"的"人"和"感性存在"的"物"并不就是主客体关系。

马克思恩格斯在《德意志意识形态》中进一步深刻地指出"凡是有某种关系存在的地方，这种关系都是为我而存在的；动物不对什么东西发生'关系'，而且根本没有'关系'；对于动物来说，它对他物的关系不是作为关系存在的"④。从上面这段话中可以看出，马克思打破这种旧形而上学的"主客二分"、"非此即彼"的思维模式，不再把"世界"看作是与人及其人的实践活动无关的形而上学意义上的"实体"，而是把它看作是人的活动对象，"当作感性的人的活动，当作实践去理解"，⑤ 即把感性对象——感性的人与感性的物之间的对象性关

---

① 《马克思恩格斯文集》第 1 卷，人民出版社 2009 年版，第 192 页。
② 同上书，第 189 页。
③ 同上。
④ 同上书，第 533 页。
⑤ 同上书，第 499 页。

系，理解为是在人的感性活动下创生的。这样，马克思把人与自然的这种"对象性的关系"，看作是主体的人与客体的自然界相互作用的关系。这种关系的基础就是人的感性实践活动。人通过感性的对象化活动改造自然，创造财富，满足人类生存和发展的需要。并从这个意义上，提出了在人的对象性活动基础上结成的人与自然之间的"为我关系"是在人的实践的存在方式和发展方式下创造出来的。这不仅是对马克思在《手稿》中把人当作感性对象性存在思想的深化，而且为马克思在之后的研究中，确定实践在人与自然关系中的作用及哲学内涵，从而把人与自然关系理解为实践关系奠定了理论基础。

所以，在马克思看来，只有以"我"的存在，即以人的感性对象性活动（实践）为前提，才能使"感性存在"的"人"与"感性存在"的"事物"构成"主体"与"客体"的关系，人与自然之间的关系被确定为主体与客体关系的桥梁和中介就是人的实践活动。在以"我"的存在为前提的主体与客体的关系中，主体不是与动物无差别的生物学意义上的"人"的存在（动物对他物的关系不是作为关系而存在），而是社会的、历史的存在；同样，在以"我"的存在为前提的主体与客体的关系中，客体也不是与主体无关的自在存在，而是被主体认识和改造的对象性存在。这样的"主体"与"客体"才能形成一种"关系"性存在。

马克思把人与自然之间的"为我关系"理解为以人的感性对象性活动为中介的"主体"与"客体"不可分割的"关系"性存在，旨在确认，人与自然界的关系是建立在感性对象性活动基础上的，人在通过对象性活动改造自然中，有能动性和主动性的方面，有其内在的尺度，体现着人自身的需要和活动目标的自觉。但人类对自然的改造活动是一种对象性活动，不能违背自然界的内在属性和必然性，主体的能动性本质上受自然的外在尺度即自然规律的制约，"自然规律是根本不能取消的。在不同的历史条件下能够发生变化的，只是这些规律借以实现的形式。"① 从这个意义上说，人改造自然界的主体能动性的发挥，最终还是取决于自然必然性对主体的制约效应。

---

① 《马克思恩格斯文集》第 10 卷，人民出版社 2009 年版，第 289 页。

因此，在马克思看来，主体活动的能动性与受动性是辩证统一的，改造客观世界与改造主观世界是一致的，改造自然与变革社会是联系在一起的。对主体内部世界和对客体外在世界的改造，才是人的本质力量的充分体现和主体能动性的最高表现。① 实践作为主体作用于客体、客体制约着主体的双向活动过程，对客体和主体有着双重的作用。实践的意义不仅在于使自然界人化成为人的现实世界，还在于主体在自身建立的现实世界中，不断地通过自身的实践活动在丰富、发展和完善着自身。

小结：

（1）人作为社会存在本身是自在自为的存在，是实践生成的结果。人通过实践建构了主体，使主体得到"双向性"发展，即主体与自身的"分裂"和主体与客体的"同一"。主体的生成是改造客观世界与改造主观世界的统一的过程。所以，人与自然的关系是被实践中介了的社会现实生活过程，自然界是人生活于其中的现实的社会生活世界。人类在批判、改造现实社会中呈现人与自然的本真关系。

（2）人与自然之间不是单一的线性作用关系，而是双向作用、相互渗透的辩证关系，这决定了人与自然之间不是"异己的"外在性关系，而是"为我的"内在关系，这种"为我关系"使双方具有各自朝着对方生成的规定性，表现在自然作用于人规定了人的自然属性，人也作用于自然生成了自然的属人性。

（3）人与自然之间的"为我关系"的不断生成，使自然界与人的历史生成既是一个有机整体，又是一个动态过程。

三　人与自然关系的实践性生成

马克思从"人的对象性活动"和"物质变换"来阐释人的实践活动，强调社会实践是人与自然联系的中介，是人与自然关系的实现形

---

① 在马克思看来："感觉为了物而同物发生关系，但物本身却是对自身和对人的一种对象性的、人的关系。需要和享受失去了自己的利己主义性质，而自然界失去了自己的纯粹的有用性，因为效用成了人的效用。"《马克思恩格斯文集》第 1 卷，人民出版社 2009 年版，第 190 页。

式，由此揭示出人与自然的历史生成关系：以社会为中介的人与自然的对象性关系；以劳动为中介的人与自然物质变换关系。

（一）从人的实践活动看世界

马克思以前的哲学在试图探讨哲学的基本问题——思维与存在的关系问题上，要么从彼岸世界的"逻各斯"来解释世界的"基始"或"本原"，要么运用"还原论"的思维方式从理性的"自我意识"上来解释现实世界，抑或从与人分离的"原始状态"下的"物"来解释现实世界。在这样的前提下，人们对外部世界的认识只能停留在对"物"的概念抽象上，看不到现存世界与人的活动之间的内在联结，不能理解作为现实的人的存在方式的人的感性活动与现存世界的关系，以及现实世界对人的本质存在的意义。马克思以实践思维方式，来解释人的存在与现实世界之间的历史发展关系，以及人的存在和发展方式对人的现实世界"改变"的意义。

马克思在《提纲》第一条中对以前的一切旧哲学进行了总体性批判，马克思指出，当他们在对自然考察时，自然乃是一个脱离人及其人的活动的抽象的自然，而在对社会历史考察时，则又把自然置于人的活动之外。马克思与他们不同，从他的新唯物主义出发，把自然"当作感性的人的活动，当作实践去理解"。① 并在《关于费尔巴哈的提纲》中，突出了新唯物主义区别于一切旧哲学的实践思维方式，不是把自然看成是抽象的、以人类社会及其他们的活动无关的自在自然作为其考察的对象，而是把它作为与人类社会及其感性实践活动相联系的自然来考察，并把"人类社会或社会的人类"② 作为自己新唯物主义的立脚点。

马克思这一哲学问题的出发点在于，确证"自在自然"经由人的感性的对象性活动，即实践而不断生成为人的现实世界；作为社会历史

---

① "从前一切唯物主义（包括费尔巴哈的唯物主义）的主要缺点是：对对象、现实、感性，只是从客体的或者直观的形式去理解。"《马克思恩格斯文集》第1卷，人民出版社2009年版，第499页。并批评费尔巴哈："当费尔巴哈是一个唯物主义者的时候，历史在他的视野之外；当他去探讨历史的时候，他不是一个唯物主义者。在他那里，唯物主义和历史是彼此完全脱离的。"《马克思恩格斯文集》第1卷，人民出版社2009年版，第530页。

② 《马克思恩格斯文集》第1卷，人民出版社2009年版，第502页。

主体的人与自然相互作用、相互生成的，在创造、拓展人的现实的世界中，改造自身，创造自身的生活。为此，马克思确定了新世界观的任务，不只是解释世界，"而问题在于改造世界"。只有把感性的对象世界与现实的个人的感性实践活动联系起来，并从本质上把对象世界置入"人类社会或社会的人类"的感性活动中，"对实践的唯物主义者即共产主义者来说，全部问题都在于使现存世界革命化，实际地反对并改变现存的事物"① 才有现实的可能。

在《德意志意识形态》和《共产党宣言》中，马克思把对象世界与人的感性活动直接连接起来，进一步"从直接生活的物质生产出发阐述现实的生产过程，把同这种生产方式相联系的、它所产生的交往形式即各个不同阶段上的市民社会理解为整个历史的基础"②。马克思从"直接生活的物质生产"出发来阐发人与自然关系产生的社会历史基础，其前提思想在于把人与自然关系理解为历史性的实践关系。在马克思看来，人的对象世界不是自在自然活动的当然产物，对象世界是人们在自在自然的基础上，随着人类及人类社会的产生与发展，人通过自身感性对象性活动，即实践活动，使自在自然不断地被纳入人的实践活动中而形成的对象化存在，它是自然活动与人的实践活动共同作用的结果。从而"把感性世界理解为构成这一世界的个人的全部活生生的感性活动"③。人的物质生产活动作为人的感性对象性活动，不仅生产和再生产出人的生命所需要的物质生活资料和生产资料，使人得以作为生命存在物的形式而存在，同时也生产了人与人之间的社会关系，以及与其他生命物不一样的人的感性生活。马克思把人的物质生活的生产作为历史的本质性基础的洞见，突破了"从观念出发来解释实践"的唯心史观，使历史的根基深扎在现实的人以及他们的生产活动上，指认了历史不是观念和思辨的思维推演史，而是人与自然不断生成对象性关系的劳动史。从而把自然界、人类社会历史第一次辩证地统一在人的生产活动中来，使自然观与历史观在实践上实现了有机的统一。

---

① 《马克思恩格斯文集》第1卷，人民出版社2009年版，第527页。
② 同上书，第544页。
③ 同上书，第530页。

　　马克思在之后的《资本论》及其手稿中，立足资本主义的经济事实，从资本主义社会生产出发，揭示资本逻辑下的人与自然之间物质变换的断裂，以及这种断裂背后被遮蔽的社会根源，即人与人之间社会关系的物化，并由此展开对资本主义的社会生活的批判。马克思关于人与自然关系历史境遇，关乎世界之变化和社会关系的变革，其深刻性和批判性体现于此。马克思改变世界之要求，对"现存的一切进行无情的批判"① 不是像空想社会主义那样诉诸道德，而是从人的现实的社会生存状况中和历史境遇中，解蔽人与自然的应然关系以及人的劳动对人类历史发展、人的生活世界的变革所具有的决定性意义。

　　所以，马克思不是从思维和存在抽象对立的意义上去解决以往哲学中抽象探讨和争论的谁为第一性，能否被认识这一哲学基本问题，而是从人的感性对象性活动——实践的思维方式出发，把它们"当作实践去理解"，从人的存在方式、人的现实世界来阐发人与自然是如何发生关系、发生怎样的关系，并由此来区分自己的新世界观与旧哲学的迥异。② 所以，针对黑格尔把生产理解为自我意识的外化及其扬弃的观点，马克思给出了解答："凡是把理论引向神秘主义的神秘东西，都能在人的实践中以及对这个实践的理解中得到合理的解决"，③ 并把人的社会生活本质归结为人的实践。马克思的实践思维方式，为历史地考察人与自然的关系提供了一种全新的哲学视野。

（二）以社会为中介的人与自然的对象性关系

　　人与自然的对象性关系，关键在于对象能否成为对象，这是人与自然建立对象关系的重要前提。

　　根据费尔巴哈关于人的类本质的观点，认为一个存在物的对象是怎样，它本身也就是怎样，这样，满足人的需要的对象不仅规定着人的存在方式，同样也规定着人的本质。根据这一逻辑，人与自然的这种关系

---

　　① 《马克思恩格斯文集》第 10 卷，人民出版社 2009 年版，第 7 页。
　　② "不是在每个时代中寻找某种范畴，而是始终站在现实历史的基础上，不是从观念出发来解释实践，而是从物质实践出发来解释各种观念形态。"《马克思恩格斯文集》第 1 卷，人民出版社 2009 年版，第 544 页。
　　③ 《马克思恩格斯文集》第 1 卷，人民出版社 2009 年版，第 501 页。

引申出来的只能是直观的、抽象的人的本质，即人只是一个自然存在物。所以，费尔巴哈在谈论人时，自然在人之外，在谈论自然时，人在自然之外。

在《手稿》中，马克思把劳动和社会范畴置入人的本质中，在论述人的对象性存在时，指出人的社会性本质特征，认为现实的个人作为"现实的、单个的社会存在物"① 是离不开社会的，而"社会"也不是同个人对立起来的"抽象的东西"；但人作为"生命表现的"总体，是作为"社会的自为的主体存在"。② 从而把人与自然之间的对象性活动统一在"人是对象性存在物"与"人的社会性存在"的内在逻辑联系中来考虑。并从人的社会性上和人对物质生活资料的依赖关系等生活需要上去说明人对世界的关系。

一方面，马克思把人的社会存在看作是人的对象化活动的现实条件。指出人要在对象化劳动中使自己的本质得到确证，只有把对象化劳动置于社会之中才真正具有意义，人的对象化活动才有可能。③ 也就是说，人只有在社会中，人的对象化活动才有可能实现。马克思由此推导出，不仅人的对象世界，而且包括人本身都不是直接的自然存在物，而是人的本质力量的呈现，是劳动的产物。从而突出了人与自然关系的社会特征。

为此，马克思把对象看作是由"社会的人"并为了"社会的人"创造出来的对象，对象对社会中的人来说也就是他自身的对象化。④ 这决定了由人的这种"对象性存在物"的本质规定而形成的社会，不同于单个人之间依赖纯自然联系（如血缘）或依赖于物的交往模式的生活状态，对象何以成为人的对象，不仅取决于对象本身的性质，还取决于人的实践所及的程度，以及人的本质力量所体现的人的社会化生活的

---

① 《马克思恩格斯文集》第 1 卷，人民出版社 2009 年版，第 188 页。

② 同上。

③ 因为，在马克思看来："只有当对象对人说来成为社会的对象，人本身对自己说来成为社会的存在物，而社会在这个对象中对人来说成为本质的时候。"《马克思恩格斯文集》第 1 卷，人民出版社 2009 年版，第 190 页。

④ 同时，马克思又把人"当作现有的，有生命的类来对待，当作普遍的因而也是自由的存在物来对待"。《马克思恩格斯文集》第 1 卷，人民出版社 2009 年版，第 161 页。

状态，即人的社会存在的本质。马克思用具有自由个性的人所联结而成的"自由人的联合体"、"共产主义"等概念表达了与人类未来发展状态相联系的理想的"社会"这一含义。

另一方面，马克思深刻地指出，劳动作为"自由的有意识的活动"，① 是人为了创造自己个人的生活而结成共同活动的社会化过程，是人的社会性本质的对象性显现，人的社会本质正是在个人满足自身物质资料需要的对象性活动中形成的。②

因此，马克思把"人对自己本质力量的占有"抽象为普遍的人的本质，具体化为人对对象的占有，即人对物质资料的占有，失去了对基本的生存物质资料的占有的人，就丧失了人应有的人的本质，成了"非现实"的人，要成为真正现实的人就必须改变自己的现实存在，改变自己生存的现实条件，消灭人对自己本质的实际异化关系，恢复对生存资料的占有。个人正是在实现自己本质对象化的活动中，创造着人自己的社会联系，创造着自己的社会本质，从而在自己创造的社会联系使自己的本质得到确证。③ 为此，马克思得出了人的存在及其实现取决于他对物质资料的依赖关系和他的社会需要这一论断。

可见，在《手稿》中，马克思虽然沿用了费尔巴哈关于人的类本质的概念，但已不再是抽象地讨论人的自然本质，而是把费尔巴哈的类本质拓展到人的社会本质与自然界的人的本质、社会的人与人的社会的关系上。更为重要的是，马克思把人的社会性本质与人的对象性存在联系起来考虑，特别是马克思以劳动（对象性活动）和社会关系为中介来把握人与自然之间的"对象性"存在关系，这一哲学论断一经提出，不仅使费尔巴哈抽象地讨论"人"是"以自然界为基础的人"的观点陷入了理论困境，实现了从传统的人的本质追问，向关注人的存在方式

---

① 《马克思恩格斯文集》第 1 卷，人民出版社 2009 年版，第 162 页。

② 因此，马克思认为："人的社会本质不是一种同单个人相对立的抽象的一般的力量，而是每个人的本质，是他自己的活动、他自己的生活和他自己的享受。"《马克思恩格斯全集》第 42 卷，人民出版社 1979 年，第 24 页。

③ "正像社会本身生产作为人的人一样，社会也是由人生产的。活动和享受，无论就其内容或其存在方式来说，是社会的活动和社会的享受。"《马克思恩格斯文集》第 1 卷，人民出版社 2009 年版，第 187 页。

和生活方式的哲学主题的转换，开辟一条从传统哲学抽象地讨论人的本质向现实的人及现实的人的存在的转向的哲学运思路径。并且为马克思在《德意志意识形态》中将感性对象理解为人的感性的、对象性的活动，把社会生活的本质理解为实践，从而把人与自然之间的关系确认为实践关系奠定了逻辑基点。

但必须指出，马克思虽然在《手稿》中，用社会需要及社会存在物代替费尔巴哈自然需要和自然存在，但还没有完全脱离费尔巴哈的人的感性需要观点，而真正摆脱费尔巴哈人本学思想，用满足人的社会需要的方式即生产方式来说明人的本质，正像恩格斯所指出的那样，是从《神圣家族》开始的，从《神圣家族》一书马克思进一步发现，对社会和劳动做出具体的、历史的分析，才能真正实现对费尔巴哈的超越，达到对现实的人的本质理解。《在德意志形态》中，马克思进一步丰富了这一思想，把实践引入人的感性活动中，精辟地指出，人在感性活动中展现自我，人有什么样的生活，就决定了他是什么样的人，而人的现实生活又取决于他所处的那个具体的、现实的、历史的时代。

马克思把人与自然的关系置入人的社会实践生活中来考察，在人的社会关系中把握人与自然关系变化发展的现实基础和历史根据。只有在人与人的社会联系中，才会有人现实的生活过程，才会有人对自然的历史关系。① 离开了具体的人类社会，就不会存在人与自然的关系，自然界对人来说就是"无"。而一定的社会历史阶段形成的社会状况（人与人、人与社会关系状况）也会影响到人与自然的关系。在人的现实的社会生活实践活动中，人与人之间的社会关系和人与自然的关系互为渗透、相互作用、协同生成。人与自然关系的发展状态，在现实意义上是人与人之间的社会关系的外在映照。资本主义社会关系的物化必然导致

---

① 马克思论断道："自然界的人的本质只有对社会的人说来才是存在的；因为只有在社会中，自然界对人说来才是人与人联系的纽带，才是他为别人的存在和别人为他的存在，才是人的现实的生活要素；只有在社会中，自然界才是人自己合乎人性的存在的基础。只有在社会中，人的自然的存在对他说来才是人的合乎人性的存在，并且自然界对他说来才成为人。因此，社会是人同自然界的完成了的本质的统一，是自然界的真正复活，是人的实现了的自然主义和自然界的实现了的人道主义。"《马克思恩格斯文集》第 1 卷，人民出版社 2009 年版，第 187 页。

人与自然关系紧张，人与自然关系之间的物质变换断裂是人的社会关系物化的具体表现形式，而人与自然之间的紧张关系以及由此造成的人与自然之间的物质变换断裂，又直接影响到人及其社会的存在与发展。因此，要认识、把握和解决人与自然的关系问题，其根本途径是在把握资本主义社会关系的历史必然性的基础上，在变革资本主义的社会关系中来解决人与自然的关系问题。

（三）以劳动为中介的人与自然物质变换关系

在《资本论》中，马克思用物质变换概念定义了劳动，把人与自然之间的实践关系具体化为以劳动为中介的人与自然之间的物质变换关系。他认为，作为人与自然进行物质交换中介的劳动，规定了人与自然物质交换过程的"新陈代谢"性质，强调人在向自然索取使用价值和改造自然条件的过程既是人的能动过程，又是一种物质的、自然过程，由此决定了人与自然之间的物质变换过程是受自然条件和社会条件制约的必然性过程。

在马克思看来，如果抽掉劳动具体的社会历史形式，把劳动仅看作是人满足自身存在而与自然发生关系的活动，即"劳动一般"形式，那么，劳动过程首先表现为"人和自然之间的过程，是人以自身的活动来引起、调整和控制人和自然之间的物质变换过程"[1]。"劳动本身则表现为生产劳动"，它是"人和自然之间的物质变换的一般条件，是人类生活的永恒的自然条件"，"它为人类生活的一切社会形式所共有"。[2]

一方面，人与自然之间的物质变换是"为了人类的需要而对自然物的占有"[3] 过程，也是将自然物转换成人类生活所需要的使用价值的生产过程；人为了自身需要的满足，把自身作为一种与"自然物质相对立"的自然力，通过自身自然力的发挥作用于外在的自然，"他不仅使自然物发生形式变化，同时他还在自然物中实现自己的目的"。[4]

另一方面，在人与自然的物质变换过程中，生产劳动，既是人与

---

① 《马克思恩格斯文集》第 5 卷，人民出版社 2009 年版，第 207 页。

② 同上书，第 215 页。

③ 同上。

④ 同上书，第 208 页。

自然关系实现的纽带和桥梁，又受到人和自然之间的物质变换规律即自然规律的制约。人不能够完全地征服自然让自然无条件地服从，而只能遵循规律来"引起、调整和控制"① 这个物质变换过程。在这样的劳动过程中，财产起初是劳动的（进行生产的）的主体（或再生产自身的主体）把自己的生产或再生产的条件看作是自己的东西这样一种关系。换句话说，是生产者把劳动条件看作是自己的财产，生产本身的目的是在这些劳动条件中，"并连同这些客观存在条件一起把生产者再生产出来"。② 个体生产者为自己的生活目的对自然物实行个人占有，他的劳动产品由他自己支配。这个时候的劳动（生产）条件既是生产者生产的自然前提，也是生产者的自然生存条件。它本身不是生产出来的，还不是劳动的结果，而是前提。人类对自然的关系如同"小孩子离不开引带一样"依赖着自然条件，社会生产率同人本身的自然和人身外的自然是相联系的。从人同自然生存条件或原始的生产条件之间的关系上看，这些被人当作"自然生存条件"或"原始的生产条件"具有"双重的性质：（1）是主体的自然；（2）是客体的自然"。③ 于此相对应，人也"双重地存在着：从主体上说作为他自身而存在着，从客体上说又存在于自己生存的这些自然无机条件之中"④。在这种条件下，人使自身的自然力发挥出来，并且"使这种力的活动受他自己控制"。⑤

因此，马克思认为，以"中介"、"调整"、"控制"的活动方式来与自然进行物质变换，这样的劳动活动方式对于劳动者来说是一种享受，这种作为人与自然关系中介的劳动被马克思看作"是人类生活的

---

① "人在生产中只能像自然本身那样发挥作用，就是说，只能改变物质的形态。不仅如此，他在这种改变物质形态的劳动中还经常靠自然力的帮助。因此，劳动并不是它所产生的使用价值即物质财富的唯一源泉。"《马克思恩格斯文集》第 5 卷，人民出版社 2009 年版，第 56 页。

② 《马克思恩格斯文集》第 8 卷，人民出版社 2009 年版，第 147 页。

③ 同上书，第 140 页。

④ 同上书，第 142 页。

⑤ 因为，"当他通过这种运动作用于他身外的自然并改变自然时，也就同时改变他自身的自然。"《马克思恩格斯文集》第 5 卷，人民出版社 2009 年版，第 208 页。

永恒的自然条件"。① 但在这样的自然条件下进行的劳动只为人的需要的多样性、人的能力的发展、劳动资料的扩大提供了可能性，但还没有"使人自身的发展成为一种自然必然性"。②

但马克思在《资本论》中同时指出，一旦劳动把它所依赖的生产条件看作是自己财产的"特殊形式"的时候，即劳动者的再生产就不只是由单纯的劳动或劳动一般所决定，它还取决于劳动者同社会关系（一定共同体）的客观联系上，取决于劳动者与他所依赖的一定的社会生产条件的客观联系上，而这些客观联系或条件反过来又是"世界历史性的"、"共同体的"劳动的产物，即"共同体的历史发展的产物"。③ 按照马克思的观点，当劳动"还没有从其他一切存在中抽象出来，从而也还没有成为获得自由的资本"④ 时，它仍然具有"社会意义"和"现实的共同体的意义"。⑤

在马克思看来，随着劳动过程协作、分工性质的发展，个体生产者转化为结合起来的劳动者而作用于劳动对象，劳动产品也就转化为社会产品，人在生产上对自然力的消费，越来越多地需要一种"人的手的创造物"，即需要利用自然力的科学和技术。工业革命作为"社会地控制自然力，从而节约地利用自然力，用人力兴建大规律的工程占有或驯服自然力"⑥ 的活动，它本身是"人对自然力的胜利"，为人调整、控制与自然之间的物质变换和人的自身发展提供了现实性。"大工业把巨大的自然力和自然科学并入生产过程，必然大大提高劳动生产率"，⑦ "并且通过人所处的自然环境的变化，促使他

---

① 《马克思恩格斯文集》第 5 卷，人民出版社 2009 年版，第 215 页。
② 同上书，第 587 页。
③ 《马克思恩格斯文集》第 8 卷，人民出版社 2009 年版，第 123 页。
④ 《马克思恩格斯文集》第 1 卷，人民出版社 2009 年版，第 173 页。
⑤ 在马克思看来，"就劳动过程只是人和自然之间的单纯过程来说，劳动过程的简单要素是这个过程的一切社会发展形式所共有的。但劳动过程的每个一定的历史形式，都会进一步发展这个过程的物质基础和社会形式。这个一定的历史形式达到一定的成熟阶段就会被抛弃，并让位给较高级的形式。"《马克思恩格斯文集》第 7 卷，人民出版社 2009 年版，第 1000 页。
⑥ 《马克思恩格斯文集》第 5 卷，人民出版社 2009 年版，第 587 页。
⑦ 同上书，第 444 页。

们自己的需要、能力、劳动资料和劳动方式趋于多样化"。① 到那时，"获得自由的、本身自为地构成的工业和获得自由的资本，是劳动的必然发展"。②

在以工业为基础的资本主义生产中，人的生产能力得到大大的提高。工业把自然力纳入生产中，人的需要的满足体现在资本对自然的普遍占有中。社会劳动生产力转化为资本生产力，在这种资本生产力的作用下，资本通过对人的劳动使用权的支配和对自然的单向控制的双重力量，创造出了人的对象世界，自在自然不断地被纳入人化自然中，提升了人与自然之间物质变换的水平。

但在资本生产力的作用下，资本无止境地对利润的追逐和对财富的外在竞争性的占有，"造成了对自然的野蛮的崇拜"。③ 由于受物质占有欲的驱使和资本积累的竞争需要，也使得人对自然的利用、人对需要的满足都是围绕着利益而旋转着，无视自然的承受力而过度使用自然力进行过度生产，从而带动过度消费，忽视了人与自然之间互为变换的物质运动，"破坏"着人与自然之间的物质变换，使人消费掉的物质能量不能再回到自然中去，破坏了人类生存的永恒的自然条件。④ 人与人的社会关系不仅在资本生产力下被物化和资本化，人类生存的自然条件和人与自然之间的物质变换关系受到不可逆转的破坏。

可见，从历史发展的形式来看，劳动过程都是在一定的物质基础

---

① 《马克思恩格斯文集》第 5 卷，人民出版社 2009 年版，第 587 页。

② 《马克思恩格斯文集》第 1 卷，人民出版社 2009 年版，第 173 页。

③ 《马克思恩格斯文集》第 2 卷，人民出版社 2009 年版，第 683 页。

④ 所以，马克思指出："在私有财产和金钱的统治下形成的自然观，是对自然界的真正的蔑视和实际的贬低。"《马克思恩格斯文集》第 1 卷，人民出版社 2009 年版，第 52 页。实际上，马克思早在《政治经济学批判（1857—1858 年手稿）》中《机器体系和科学发展以及资本主义劳动过程的变化》中就指出了资本主义在积累财富的生产中实现着对自然的控制和对人的控制。他指出："如果我们从整体上来考察资产阶级社会，那么社会本身，即处于社会关系中的人本身，总是表现为社会生产过程的最终结果。具有固定形式的一切东西，例如产品等等，在这个运动中只是作为要素，作为转瞬即逝的要素出现。直接的生产过程本身在这里只是作为要素出现。生产过程的条件和对象化本身也同样是它的要素，而作为它的主体出现的只是个人，不过是处于相互关系中的个人，他们既再生产这种相互关系，又新生产这种相互关系。这是他们本身不停顿的运动过程，他们在这个过程中更新他们所创造的财富世界，同样地也更新他们自身。"《马克思恩格斯文集》第 8 卷，人民出版社 2009 年版，第 204 页。

（生产能力）和与之相应的社会形式（马克思称之为社会生产关系）相互作用下发生的。当生产能力与生产关系及其各要素，即"生产的物质发展与它的社会形式之间发生冲突"并达到一定广度和深度时，就需要与发展着的生产能力相适应的生产关系来代替，这样"危机时刻已经到来"。① 因此，马克思得出结论，工业一旦以资本主义生产为前提，只能从物质生产本质出发来理解资本主义。②

（四）"控制人与自然的物质变换"

与其他生物与自然之间进行物质变换不同，人与自然发生关系是以劳动为纽带和桥梁，劳动是实现人与自然之间物质变换的中介。马克思在《资本论》中分析"劳动过程"时指出：劳动过程……是制造使用价值的有目的的活动，是为了人类的需要而占有自然物，是人和自然之间的物质变换的一般条件，是人类生活的永恒的自然条件。因此，它不以人类生活的任何形式为转移，倒不如说，它是人类生活的一切社会形式所共有的。因此，我们不必来叙述一个劳动者与其他劳动者的关系。一边是人及其劳动，另一边是自然及其物质，这就够了。因此，马克思在分析人与自然之间的物质变换时指出：劳动首先是人和自然之间的过程，是人以自身的活动来引起、调整和控制人和自然之间的物质交换过程。"控制人与自然的物质变换"思想是马克思把握人与自然关系重要的历史维度。

在马克思看来，人自身作为一种自然力与自然物质相对立。为了在对自身生活有用的形式上占有自然物质，人就使他身上的自然力——臂和腿、头和手运动起来。当他通过这种运动作用于他身外的自然并改变自然时，也就同时改变他自身的自然。也就是说，人在改变自然的同时，也会改变人自身的自然，从而使自身改造自然的能力不断得到提升。以劳动为基础的人与自然之间的物质变换过程，既是自然得到改造的过程，也是人自身得到改造的过程，是自然界不断"人化"的过程

---

① 《马克思恩格斯文集》第7卷，人民出版社2009年版，第1000页。
② 马克思明确指出："从简单劳动过程的观点得出的生产劳动的定义，对于资本主义生产过程是绝对不够的。"《马克思恩格斯文集》第5卷，人民出版社2009年版，第581页。

与人的实践能力不断提升过程的统一。

在劳动过程中这个特殊的物质变换过程中，作为具有能动性、目的性和计划性的人必然遵循自然界的客观规律，并且以自然界生态系统的动态平衡来规范人与自然之间的物质变换，把人类的生产和消费置于自然生态系统所能承受的范围。"人以自身的活动来引起、调整和控制人和自然之间的物质交换过程"，本质上并不是人类对自然的统治和征服，而是以人类本性的需要和自然规律为尺度的。

不难看出，马克思强调以劳动为媒介的"控制人与自然的物质变换"，旨在控制人与自然之间的关系，不仅是对关系中的一方——自然进行控制，还要对另一方——人的活动进行控制。重要的是作为主体的人在对自然这个客体进行活动时，需要考虑的是会对两者的相互关系产生什么影响，才能达到对它们之间的物质变换进行控制的目的。可见，"控制人与自然的物质变换"中的"控制"思想，不是泛指人对自然的一般的能动关系，而是对现代工业进程中人在客体世界中发挥人的主体性地位和意义的真实指认及价值诉求。

综上所述，马克思以劳动为中介的人与自然之间的物质变换的思想，对人如何改变自然，如何与自然进行物质变换，马克思给予了既合乎规律又合目的的解答，赋予了人与自然关系新的内涵。马克思充分肯定人与自然物质变换中人对自然的能动作用，但又突出强调，人与自然之间进行物质变换，决不意味人在生产劳动中可以为所欲为。要使自然界发生合乎人的需要的改变，"人只能像自然本身那样"才能实现人与自然之间合理的、有效的物质变换。因此，以劳动为中介的人与自然之间物质变换是双向互动的，既要展现人对自然的能动作用，也应体现人对自然的关爱，既满足人类的合理需求，又尊重自然的内在规律性。唯有如此，人与自然之间物质变换才会具有均衡性。否则，人对自然系统的无节制的耗损，最终将导致人与自然物质变换的断裂。因此，人与自然之间的物质变换的效能，是物质变换的断裂，还是人与自然的物质变换的合理实现，从一定层面上看，取决于劳动的性质和社会关系结构。

马克思在《资本论》中探讨劳动、自然、人与自然的关系等问题时使用了物质变换的概念。① 在这里，首先，他把人与自然之间的物质变换看成是人类生活得以实现的自然必然性。揭示出虽然人的劳动能使自在之物变成为我之物，能让潜在的使用价值成为现实的使用价值，但一切自然物质都具有客观性和不可逾越性，人在生产中只能像自然本身那样发挥作用，人与自然之间的物质变换本质上是自然事物之间的相互作用。

但马克思同时又把人与自然之间的物质变换理解为以劳动为中介的过程。把劳动过程看作是人与自然之间物质变换的过程。这就进一步论证了从社会历史角度去考察人与自然的关系成为可能，这样被人类劳动中介过的人与自然之间的物质变换，成了自然的人化和人的自然化的过程。可见，马克思的人与自然之间的物质变换思想，进一步说明了人与自然之间的客观一体性，或同一性。

但《资本论》时期的马克思也看到了他们之间的非同一性。马克思对自由王国和必然王国关系的理解上，指出自由只存在于对必然的精通与把握中，以劳动为中介的人与自然之间的物质变换，只会使自然领域越来越多地纳入人的控制之中，但自然也决不会完全消融到人的社会实践和社会历史中去。只有到了"由自由结合的人的产物"即自由人的联合体来"有意识有计划的控制"生产时，人们才有可能从支配和统治人的生活条件和社会关系中解放出来，建立人与人和人与自然"极明白的和合理的"关系，人才有可能成为自然界的主人，从必然王国向自由王国迈进。②

---

　　① 他指出："劳动作为使用价值的创造者，作为有用劳动，是不以一切社会形式为转移的人类生存条件，是人和自然之间的物质变换即人类生活得以实现的永恒的自然必然性。"《马克思恩格斯文集》第5卷，人民出版社2009年版，第56页。所以，"自由王国只是在必要性和外在目的规定要做的劳动终止的地方才开始。"《马克思恩格斯文集》第7卷，人民出版社2009年版，第928页。

　　② 但马克思在此特别强调："这需要有一定的社会物质基础或一系列物质生存条件，而这些条件本身又是长期的、痛苦的历史发展的自然产物。"《马克思恩格斯文集》第5卷，人民出版社2009年版，第97页。

第四章 人与自然关系的社会
境遇与批判

早在《1844 年经济学哲学手稿》中，马克思以劳动异化为逻辑起点，从异化劳动中引申出私有财产的概念，同时论证了私有财产的生产方式又造成了人的对象化活动即劳动的严重异化，在异化劳动中最根本的表现形式是人与劳动对象的异化，而劳动对象当然离不开自然界，人与劳动对象的异化，必然包括人与自然的异化。由此，把劳动异化与人与自然之间的异化结合起来阐述，从人本异化学的角度对资本主义社会进行批判。在马克思后期著作中，马克思以唯物史观的视域，进一步从现代资本主义的资本对劳动的经济关系入手，深入阐述了资产阶级社会的资本逻辑问题，以及资本逻辑下特殊的社会——自然关系，从而开辟了一条以人的感性活动为基础的社会关系的生成及其在此基础上的人与自然关系的社会历史境域。

一 困境的发生：私有财产与异化劳动

在马克思看来，国民经济学从私有财产的具体现实状态出发，抽象出私有财产在现实运动过程中的一般形式，并把私有财产关系作为市民社会中的不证自明的理论前提和普遍规律予以确证，并没有指出"这些规律是怎样从私有财产的本质中产生出来的"。[①] 国民经济学家们一方面肯定了劳动是财富的唯一源泉；另一方面又确认了劳动同时生产了贫困，并把这两个彼此矛盾的方面作为"事实"接受下来。马克思深

---

① 《马克思恩格斯文集》第 1 卷，人民出版社 2009 年版，第 155 页。

刻地批判了这一理论前提，他指出，私有财产本是需要"加以论证的东西"被当作"前提"，"劳动和资本分离"本是需要"加以说明的东西"却被"假定为一种历史事实"。①

为此，马克思从私有财产产生的前提出发，系统地分析了私有财产、劳动、资本之间的相互关系，把私有财产当作是一种历史现象，一种异化状态予以论证，指出国民经济学的错误根源在于用异化劳动取代了劳动。实际上，就其劳动的本质上看，劳动是一种以实现人的本质力量为目的的人的自由自觉活动。然而英国古典经济学中的劳动价值论却将劳动视为创造私有财产的源泉，将劳动者视为创造财富的手段，这就使劳动者的劳动处于异化状态中。马克思正是通过对异化劳动的分析，深入私有财产，从人与私有财产的关系来说明作为异化劳动结果的私有财产的普遍本质。②

（一）私有财产与异化劳动的关系

根据马克思在《1844 年经济学哲学手稿》中的观点，他认为，早在古代自然形成的公社中，私有财产就以"商品的形式已经存在了"。公社在与外地人进行公社产品交换过程中，越来越多的公社产品转化为商品。随着以交换为目的生产增多，以"商品形式存在"的私有财产变得普遍化，最终促进了以自发分工为基础的旧的土地公有制的"迅速地瓦解"。

随着分工的进一步深化与发展，各个人的物质利益经常性地会与由他们的社会活动而产生的共同利益发生矛盾，马克思把这种不同于个人利益，由自然形成的历史性的共同利益的活动所产生的"社会力量"

---

① 所以，马克思认为："国民经济学虽然从劳动是生产的真正灵魂这一点出发，但是它没有给劳动提供任何东西，而是给私有财产提供了一切。"但是"国民经济学从私有财产的事实出发。它没有给我们说明这个事实。"《马克思恩格斯文集》第 1 卷，人民出版社 2009 年版，第 166、155 页。

② 马克思是从"外化劳动这一概念，即从外化的人、异化劳动、异化的生命、异化的人这一概念得出私有财产这一概念"《马克思恩格斯文集》第 1 卷，人民出版社 2009 年版，第 166 页。

看作是"扩大的生产力"。① 只要个人的"特殊利益"与"共同利益"之间存在着"分裂",只要这种共同活动所产生的"社会力量"不是出于个人本身自愿,尽管这些力量是在他们的相互作用中产生的,但对个人本身的活动而言,这种社会力量就不是"他们自身的联合力量",而是一种"强制力量",以一种异己的力量"威慑和驾驭"着人,而不是"人驾驭着这种力量"。"劳动异化"就普遍存在于这种"受分工制约的不同个人的共同活动产生了一种社会力量,即成倍增长的生产力"中,② 并且以个人的劳动同作为"社会力量"的生产力的分裂形式表现出来。马克思正是从与社会生产力分裂的、与人的生命活动相异化的劳动,即异化劳动中,引援出私有财产这一概念。

马克思在《德意志意识形态》中,进一步分析了由旧式分工而造成的社会活动与个人活动的异化。他指出,随着社会分工的发展,人本身的活动对人来说成为了一种异己的、同他对立的力量,这种力量不是人驾驭而是压迫着人,马克思这里所说的对人来说成为"异己的、强制力量"的"社会力量",就是他在《〈政治经济学批判〉导言》中所说的他的研究对象——资本主义生产关系,"发展阶段"就是指出资本主义社会发展阶段。

在《资本论》中,马克思以分析资本主义的经济事实为基点,把劳动同客观条件的所有权的分离,即把资本主义私有制看作是物化劳动与活劳动之间交换得以实现的社会前提。在马克思看来,对于工人来说,在所有权的关系上,工人在出卖其劳动力之前,劳动的客观条件就

---

① 他认为,"不同个人的共同活动产生了一种社会力量,即成倍增长的生产力。因为共同活动本身不是自愿地而是自然形成的,所以这种社会力量在这些个人看来就不是他们自身的联合力量,而是某种异己的、在他们之外的强制力量"。《马克思恩格斯文集》第1卷,人民出版社2009年版,第537—538页。

② "我们本身的产物聚合为一种统治我们、不受我们控制、使我们的愿望不能实现并使我们的打算落空的物质力量,这是迄今为止历史发展中的主要因素之一。受分工制约的不同个人的共同活动产生了一种社会力量,即成倍增长的生产力。因为共同活动本身不是自愿地而是自然形成的,所以这种社会力量在这些个人看来就不是他们自身的联合力量,而是某种异己的、在他们之外的强制力量。关于这种力量的起源和发展趋向,他们一点也不了解;因而他们不再能驾驭这种力量,相反,这种力量现在却经历着一系列独特的、不仅不依赖于人们的意志和行为反而支配着人们的意志和行为的发展阶段。"《马克思恩格斯文集》第1卷,人民出版社2009年版,第537页。

与他绝对分离,所有权对于工人来说,除了"一无所有"就只有出卖自己劳动力的权力了;而对于资本家来说,所有权则表现为占有他人无酬劳动或他的产品的权利。① 正是由于工人与资本家之间存在着这样一种所有权关系,才使得作为交换价值的物化劳动与作为使用价值的活劳动之间的交换成为可能。

所以,在马克思看来,工人换出的是决定交换价值的劳动本身——创造性的对象化劳动,资本换进的是活劳动——生产和增加财富的一般力量或劳动能力,也就是说"一个量是对象化在物中,另一个量是对象化在活的人中"②,以此换进了"比过去支出的对象化形式上的劳动更多的活的形式上的劳动"。③ 很明显,通过这样一种交换只能引起这样一种生产过程:"劳动仅仅表现为一定价值量即一定对象化劳动量为了保存自己和增大自己而吸收活劳动的手段";④ 劳动过程也就表现为"价值增殖过程的手段和现实形式"。这一过程的起点即是"较少对象化劳动同较多活劳动相交换"。⑤ 就是说,劳动过程除了已经对象化在工资中的劳动以外,还有对象化在商品中的无酬劳动即剩余价值。通过这种创造性的对象化劳动(物化劳动)与活动劳动之间的交换,工人"把劳动作为财富的生产力让渡出去;而资本把劳动作为这种生产力来占有"。⑥ 通过这种生产过程产生的结果是:对资本家来说,通过交换不付给等价物而占有他人的劳动,取得对客体化的劳动的所有权,使资本通过"占有他人劳动而使自己的价值增殖的"⑦,从而占有现实的经济过程;对于工人来说,这种交换不仅不可能使自己致富,相反,只会越来越贫穷,因为工人这种劳动的创造力(生产性)在资本的力量下,被作为"异己的权力"而同他相对立。

可见,一旦工人在这样的交换关系条件下从事劳动,那些独立于工

---

① 《马克思恩格斯文集》第 5 卷,人民出版社 2009 年版,第 673 页。
② 《马克思恩格斯文集》第 8 卷,人民出版社 2009 年版,第 489 页。
③ 同上。
④ 同上书,第 488 页。
⑤ 同上书,第 499 页。
⑥ 《马克思恩格斯全集》第 32 卷,人民出版社 1998 年版,第 183 页。
⑦ 《马克思恩格斯全集》第 30 卷,人民出版社 1995 年版,第 226 页。

人的劳动条件就变成了统治人的资本。尽管在生产过程中工人与劳动的客观条件分离在形式上消失，因为一进入生产过程，工人与这些劳动的客观条件就必然发生着"自然的关系"，但这改变不了工人创造财富和增大财富的劳动在生产过程中表现为生产"资本的要素"。资本家成了人格化的资本，工人的劳动能力成了"资本的活的可变因素"。人表现为资本，而"资本表现为人"。在整个物质生产过程中，是"资本使用工人，而不是工人使用资本"，从而使资本家对工人的统治表现为"物对人的统治，死劳动对活劳动的统治，产品对生产者的统治"。这种在物质生产过程表现出来的人与物的颠倒关系，将直接造成"人的劳动的异化"和人的现实社会生活的全面物化（马克思把物质生产过程看作是现实社会生活过程）。由此可见，工人与劳动客观条件的分离是造成人的劳动的异化的根本原因，也就是说，人的劳动的异化是以私有财产为前提的。

此外，马克思更清楚地看到，由资本主义的私有财产中催生出来的异化劳动，又进一步促成了"把劳动客观条件——因而也是把劳动本身所创造的客体性——看作是他人财产的关系"的生成①，从而使劳动的客观条件与工人分离的状况成为他的社会生活。从这个意义上看，私有财产即工人与劳动客观条件的分离是异化劳动运动的结果。所以，马克思把私有财产与异化劳动之间的关系确定为互为因果关系。

（二）私有财产与资本的关系

马克思早在《论犹太人问题》中就指出，在资本主义生产方式下，人虽然具有了政治上的自由，但政治上取得自由的人还不是自由的人，他还受到一种"非人的""社会力量"的统治，这种"统治着一切"的非人的社会力量，表现为"死的物质对人的完全统治"。② 马克思在《资本论》中将这一"非人的力量统治"进一步确认为资本对人的统治及其资本逻辑下人对自然的盘剥。

在《资本论》中，马克思分析了私有财产下商品生产的拜物教性

---

① 《马克思恩格斯全集》第30卷，人民出版社1995年版，第511页。
② 《马克思恩格斯文集》第1卷，人民出版社2009年版，第152页。

质。马克思认为，由于人类劳动的同质性，劳动产品一旦以商品形式出现就取得了等同于对象性物的价值形式，就带上拜物教性质。这一性质根源于生产商品的劳动所特有的社会性质。当劳动产品以商品形式出现时，"人们本身劳动的社会性质反映成劳动产品本身的物的性质"①。本是人的劳动对象或劳动产物的东西"赋有生命的、彼此发生关系并同人发生关系而独立存在的东西"②，成了"可感觉而又超感觉的物或社会的物"③，人自己"同总劳动的社会关系"转换成"人们之间的物的关系和物之间的社会关系"④，马克思把这种转换称作"拜物教"。所以，马克思指出："劳动产品一旦作为商品来生产，就带上拜物教性质，因此拜物教是同商品生产分不开的。"⑤

但商品生产和流通并不代表着资本就存在了，直到出卖自己劳动力的自由工人出现才为资本的存在提供了历史条件，以资本为基础的生产一出现，标志着社会生产过程进入了一个新时代。这一时代的特点是，对工人本身说，劳动力是属于他自己的一种商品的形式，而他的劳动则是雇佣劳动的形式，劳动产品的商品化形式才取得了普遍化形式。拜物教由对商品的崇拜转向了对资本的崇拜。

在此基础上，马克思揭示了资本对劳动占有的性质和资本对劳动使用权的历史必然性。在马克思看来，作为与社会所有制的对立物而存在的私有制，劳动资料和劳动条件归私人所有。但私有制的性质，"却依这些私人是劳动者还是非劳动者而有所不同"⑥。资本主义的私有财产制度是在"以自己劳动为基础的私有制的解体"上发展起来的。⑦

在以自己的劳动为基础的私有制中，劳动者对他的生产资料和劳动的外部条件具有私有权，即"劳动者是自己使用的劳动条件的自由私有者"⑧，如农民有自己耕种土地的自由，手工业者有自己运用工具的

---

① 《马克思恩格斯文集》第5卷，人民出版社2009年版，第89页。
② 同上书，第90页。
③ 同上书，第89页。
④ 同上书，第90页。
⑤ 同上。
⑥ 同上书，第872页。
⑦ 同上。
⑧ 同上。

自由，它既排斥生产资料的积聚，也排斥协作，排斥同一生产过程内部的分工，排斥社会对自然的统治和支配，排斥社会生产力的自由发展。很明显，这种私有制是与"生产和社会的狭隘的自然产生的界限相容"。①这种生产方式当它发展到一定的程度，必然由于它自身的发展而被消灭。当那个时候到来时，个人分散的生产资料转化为社会的生产资料，多数人的小财产转化为少数人的大财产，直接生产者的劳动条件被剥夺，所有权与劳动分离，劳动力由工人自己作为商品自由出卖，就不可避免。当雇佣劳动成为商品生产的基础，他们的劳动条件转化为资本的时候，以劳动为基础的私有制就将被以资本为基础的私有制所代替，到了那时，商品生产就普遍化为资本主义的生产形式，资本生产才强加于整个社会，但也只有这时，资本才能发挥自己的全部潜力。

在资本主义生产过程中，不仅生产剩余价值，而且还生产和再生产资本关系本身：一方面是资本家，另一方面是雇佣工人。②并且在资本主义生产过程中，再生产出劳动力和劳动条件的分离，这样它就再生产出剥削工人的条件，并使之永久化。

所以，马克思把资本看作是私有财产的最纯粹的和最高的表现。一方面，私有财产下的异化劳动催生着资产阶级社会关系的异化乃至人的社会生活走向普遍性的非人化；另一方面，作为社会力量的资本又进一步使一切经济关系异化，促使商品拜物教、货币拜物教、资本拜物教等成为这种"经济关系的异化的表现形式"。最终这种以资本为基础的私有制，在资本与劳动的矛盾对立中，"以最普遍的形式成为世界历史性的力量"③，实现着对人、对自然的全面控制和统治。就此，马克思把私有财产看作是生产关系和交换关系变化发展的产物，把私有财产的形成归结为"经济原因"。④

---

① 《马克思恩格斯文集》第5卷，人民出版社2009年版，第872页。
② "资本以雇佣劳动为前提，而雇佣劳动又以资本为前提，两者相互制约，两者相互产生。"《马克思恩格斯文集》第1卷，人民出版社2009年版，第727页。
③ 《马克思恩格斯文集》第1卷，人民出版社2009年版，第182页。
④ "私有财产的形成，到处都是由于生产关系和交换关系发生变化，都是为了提高生产和促进交换——因而都是由于经济的原因。"《马克思恩格斯文集》第9卷，人民出版社2009年版，第169页。

马克思把作为经济原因的私有财产看作是生产方式和交换方式的产物的这一观点，与后来恩格斯在《反杜林论》中批判杜林把一切经济的权力手段，一切占有劳动产品的生产资料，都宣布为资本的观点是完全契合的。恩格斯指出，杜林把"暴力"和"劳动"并列地看作是推动以往社会联系历史地形成的两个主要动因，认为劳动进行生产，暴力进行分配，这是引援暴力把资本主义生产方式下的矛盾与问题从经济领域转移到政治领域的"遁词"。实际上，一切社会权力和一切政治权力都起源于经济这个先决条件，起源于各该社会的历史地产生的生产方式和交换方式。从这个意义上，马克思进一步证明了私有财产是以异化劳动为基础的生产方式发展下的产物。

由此可见，马克思关于人与自然关系的思想，正是在批判资本统治下的社会关系的物化的语境中得以开展并加以丰富的。抛开社会的具体历史形态和社会制度的性质来讨论人与自然的关系是没有意义的；忽视资本主义社会条件下的经济关系和社会关系，抽象地讨论物质生产条件和科学技术的作用，是无法最终解决人与自然之间的矛盾的。这得出了一个观点，人与自然的矛盾，实际上是人的现实世界自身矛盾的外部显现，而人的自身内在的矛盾是人与自然矛盾的最终根源。

（三）资本主义私有财产制度下劳动异化的经济事实

劳动在马克思那里是以对象化劳动形式出现。什么是对象化劳动？马克思认为，"劳动的产品是固定在某个对象中的、物化的劳动，这就是劳动的对象化。劳动的现实化就是劳动的对象化"。[①] 劳动的对象化是人的本质力量的呈现。通过劳动的对象化，人实现对自身本质力量的占有，这种占有，不仅包括对本身劳动（属于人自身的本质的东西）的占有，还包括对劳动对象的占有。而劳动的现实化就体现在对象化的活动中。因此，从这个意义上，马克思认为"劳动的现实化就是劳动的对象化"。

异化劳动主要是指资本主义私有财产和雇佣劳动制度下，劳动的特殊社会形式，异化劳动是创造价值的劳动，异化劳动的发展带来的是资

---

① 《马克思恩格斯文集》第 1 卷，人民出版社 2009 年版，第 157 页。

本主义社会中人的社会关系的物化及由此造成人对自然关系的异化，最终导致私有制的扬弃。

马克思曾把资本主义社会的劳动与异化劳动与中世纪时代的劳动与异化劳动作过比较，他指出，中世纪时期的劳动表面上还有"现实的共同体"的性质，劳动还没有真正附属于"自由的资本"，但资产阶级社会中的劳动却表现为不同的异化行为。为此，马克思从三个方面考察了私有制条件下劳动异化的经济事实。

一是劳动的现实化成为非现实化。

马克思是从工人同他自己的活动相异化的关系出发来揭示劳动的异化性本质，即劳动对象成为与劳动者相异化的存在物同劳动分离。马克思指出，"当我们问劳动的本质关系是什么的时候，我们问的是工人同生产的关系"[①]，"工人生产的对象越多，他能够占有的对象就越少，而且越受他的产品即资本的统治"。[②] 因此，劳动的"现实化"表现为"非现实化"，工人的贫困成了社会的生存条件，工人沦落到难以生活下去的境地。可见，马克思从劳动者（即劳动）同劳动产品的现实关系，揭示了工人同自己的劳动产品的关系是一个同异己的对象关系，这种关系同时可以理解为，现实的对象世界对于工人来说是一个异己的与他敌对的世界。这个使工人贫困化的异化的世界是工人自己劳动的产物也是他生产的财富的产物，也就是说，是私有财产条件下异化劳动的产物。

二是"自主性活动"转变为"强制性"活动。

马克思认为，劳动是人的自由自觉的活动，但异化劳动剥夺了这一体现着人的本质特征和本质力量的"自由自觉的活动"，这种"自由自觉的活动"变成了对人来说是外在的"强制性"劳动。这意味着资本对劳动的关系发展成为一种强制关系，迫使工人阶级超出自身生活需要的狭隘范围而从事更多的劳动。这种"强制性"的劳

---

① 《马克思恩格斯文集》第 1 卷，人民出版社 2009 年版，第 159 页。
② "对象化竟如此表现为对象的丧失，以致工人被剥夺了最必要的对象——不仅是生活的必要对象，而且是劳动的必要对象。"《马克思恩格斯文集》第 1 卷，人民出版社 2009 年版，第 157 页。

动关系①，使劳动在工人那里成了被迫的、强制性的活动。劳动的这种异化性使劳动作为一种异己、对立的独立力量存在于工人之外并与他相对立，工人在这种异化性活动中完全丧失了自身，丧失了自身活动的自主性。

三是劳动由生活本身贬低为生活手段。

在资本主义条件下，异化劳动不仅从人那里夺去了人证明自己本质力量的"自由自觉的活动"，而且把"自主活动、自由活动贬低为手段，也就把人的类生活变成维持人的肉体生存的手段"②，夺去了人的生活本身。劳动本是以满足人的本质需要为目的的，却变成了满足劳动需要以外的、维持个人生活的一种手段，也就是说，生活本身仅仅成为生活的手段。劳动对于工人来说仅仅是以谋生活动的形式出现，对于资本家来说，劳动仅仅在于为他增加财富。这样作为生活本身的劳动"仅仅成为生活的手段"，金钱成为社会权力的第一杠杆。这样，本是人的本质特性的劳动，成为非人的、异己的力量控制着人，成为非人的强制性的生存手段。

可见，根据马克思对私有财产下的劳动异化的经济事实描绘，可以看出，马克思把异化劳动与以资本为基础的生产联系在一起的。劳动的现实化成为非现实化、自主活动转化为"强制性"活动，以及劳动本身从人的生活目的转变为一种生活手段，这些转变的内在根源，把它归结于人与人之间非社会化关系的存在。异化劳动使工人生产出在劳动之外的人——资本家同这个劳动的关系。所以，正是因为人与人之间的强

---

①　"不是他自己的，而是别人的；劳动不属于他；他在劳动中也不属于他自己，而是属于别人"。工人在劳动中"不是肯定自己，而是否定自己，不是感到幸福，而是感到不幸，不是自由地发挥自己的体力和智力，而是使自己的肉体受折磨，精神遭摧残"。因此，"只要肉体的强制或其他强制一停止，人们就会像逃避鼠疫那样逃避劳动。"《马克思恩格斯文集》第1卷，人民出版社2009年版，第159—160页。

②　因为，在马克思看来，"人的异化，一般地说，人对自身的任何关系，只有通过人对其他人的关系才得到实现和表现。""如果人对自己的劳动产品的关系、对对象化劳动的关系，就是对一个异己的、敌对的、强有力的、不依赖于他的对象的关系，那么他对这一对象所以发生这种关系就在于有另一个异己的、敌对的、强有力的、不依赖于他的人是这一对象的主宰。如果人把他自己的活动看做一种不自由的活动，那么他是把这种活动看做替他人服务的、受他人支配的、处于他人的强迫和压制之下的活动。"《马克思恩格斯文集》第1卷，人民出版社2009年版，第164—165页。

制性关系即非社会化关系的存在，作为人的本质特性的劳动，才成为异己的力量强制着人、压制着人，成为非人性的强制性的生存手段。要克服人与自然关系之间的异化，必须消除这种"异化劳动"。

二　资本统治下的经济逻辑问题

通过对国民经济学前提的追问，即对私有财产产生根源的人学本质追问，解蔽了私有财产与异化劳动、资本之间的互为因果关系，在揭露资本主义私有财产制度下劳动异化的经济事实中，深入阐述了由劳动异化、走向社会关系的异化，再到人与自然关系之间异化的过程，并由此展开对资本主义社会关系的批判。从对私有财产的追问，到对异化劳动下经济事实的社会批判，使马克思摆脱了传统的形而上学本体论的思维框架，由哲学批判转向政治经济学的批判，由此引发了对人赖以生存的生活世界及人的社会生存状态的关注的探讨，这为马克思进一步把人与自然关系置入社会关系中去考量，揭示资本逻辑下的人与自然的异化及异化产生的社会根源奠定了思想基础。

（一）　资本对劳动的经济剥削性质

一是劳动的客观条件对活劳动能力的异己性。

在资本主义所有制之前，劳动者在生产开始以前都是作为生产者来生活的。如，在奴隶制和农奴制的土地所有制中，奴隶主或封建主把奴隶或农奴与其他自然物一道，当作他们再生产的无机自然条件来对待。虽然劳动者的劳动只是与牲畜并列，或者只是土地的附属物，但劳动者还是把土地这种自然条件看作是自身的无机存在。在工场手工业劳动（工业劳动发展的特殊形式）中，劳动者仍然是生产工具的所有者和使用者，劳动者本身，活的劳动能力本身，还直接属于生产的客观条件，并被人占有。

在资本主义生产方式下，劳动者与劳动条件的关系成了"工人同作为资本的生产条件的关系"。[1] 这意味着以往以"劳动是所有者的"

---

① 《马克思恩格斯文集》第 8 卷，人民出版社 2009 年版，第 152 页。

这一历史形式完全被资本与劳动之间的占有关系所消解①，即被劳动与作为资本的劳动客观条件的异化关系所代替，或者说，劳动条件与劳动者相分离。

所以，马克思指出，劳动的条件在工人方面作为跟他相分离的东西，作为资本出现，和工人在资本家方面作为无财产者，作为抽象工人出现，——价值同活劳动之间发生的交换，是以一个历史过程为前提的，这种历史过程就是资本与雇佣劳动的起源史。

也就是说，随着资本主义的私有财产制度的发展，工人在他进入生产过程以前，就已被剥夺了自己实现财富所需要的一切客观劳动条件——"材料和工具"等劳动资料。在进入生产过程中，劳动的客观条件和劳动产品作为他人的财产，被工人当作"同他相异己的、统治他和剥削他的权力来生产"②，这些被当作资本的劳动的客观条件不仅同工人相独立和相异化，也同活劳动能力绝对分裂或分离。工人的劳动同他自己相异化，不断地对象化为资本家所占有的产品中，使劳动的客观条件作为"资本家的人格"形式，即作为资本家的"意志和利益的人格化"，同工人的人格相对立，从而使得劳动同人格化为资本家的价值相对立。因此，财产同劳动之间、活劳动能力同它的客观条件之间、对象化劳动同活劳动之间、价值同创造价值的活动之间等分离，导致了劳动内容对工人本身的异己性。所以，马克思在分析资本主义方式时不置可否地指出，"劳动产品和劳动本身的分离，客观劳动条件和主观劳动力的分离，是资本主义生产过程事实上的基础或起点。"③

随着机器的发展，工人的劳动与产品之间、客观劳动条件和主观劳动力之间发展成为完全的对立。在运用机器的生产过程中，那些包含着具有技术性劳动条件的劳动资料，在资本的支配下与劳动者分离，成为"吮吸着活劳动力"的工具并同工人相对立。④ 可见，劳动条件转化为

① 对资本来说，"工人不是生产条件，而只有劳动才是生产条件。资本占有的不是工人，而是他的劳动，不是直接地占有，而是通过交换来占有"。《马克思恩格斯文集》第8卷，人民出版社2009年版，第150页。

② 《马克思恩格斯文集》第5卷，人民出版社2009年版，第659页。

③ 同上书，第658页。

④ "不是工人使用劳动条件，相反地，而是劳动条件使用工人。"《马克思恩格斯文集》第5卷，人民出版社2009年版，第487页。

资本支配劳动的条件，最终是在"以机器为基础的大工业中"得到完成的。

劳动的客观条件对于活劳动的异己性，必然造成所有权和劳动的分离（分裂），① 在劳动的客观条件与活劳动分离的条件下，本身就是劳动的"对象化，客体化"的劳动条件，一旦与劳动能力分离便变成了"以他人的、实行统治的人格化的形式而同劳动能力相对立的物，价值。"② 这个"以他人的、实行统治的人格化的形式"就是资本。也就是说，当这些劳动所需的客观物质条件一旦表现为"劳动能力本身的产品"时，这种由劳动能力创造出来的东西，就客体化为劳动能力之外的东西，成为控制和统治劳动能力的资本条件。这样劳动能力把劳动所需要的客观条件作为属于资本的条件就创造出来了。并且，在资本主义生产过程中，又再生产出劳动力和劳动的客观条件的分离，从而使这种分离"永久化"。同时，在所有权和劳动的分离条件下，资本作为对活劳动能力的统治权，作为赋有自己权力和意志的价值，生产和再生产出资本关系本身；而工人的劳动不仅生产了他人的财富和自身的贫穷，还生产了本属"作为对人的支配的财富"同劳动者之间的异化关系。③

二是资本对剩余劳动的占有关系。

在古典政治经济学中，把资本看作"是已经生产出来的生产资料"，④ 因为在正常条件下生产或交换的任何价值都具有产生利润或利

① "最初，在我们看来，所有权似乎是以自己的劳动为基础的。至少我们应当承认这样的假定，因为互相对立的仅仅是权利平等的商品占有者，占有他人商品的手段只能是让渡自己的商品，而自己的商品又只能是由劳动创造的。现在，所有权对于资本家来说，表现为占有他人无酬劳动或它的产品的权利，而对于工人来说，则表现为不能占有自己的产品。所有权和劳动的分离，成了似乎是一个以它们的同一性为出发点的规律的必然结果""所有权对于资本家来说，表现为占有他人无酬劳动或它的产品的权利，而对于工人来说，则表现为不能占有自己的产品。所有权和劳动的分离。"《马克思恩格斯文集》第 5 卷，人民出版社 2009 年版，第 673—674 页。

② 《马克思恩格斯文集》第 8 卷，人民出版社 2009 年版，第 101 页。

③ 《马克思恩格斯文集》第 9 卷，人民出版社 2009 年版，第 194 页。

④ "凡是社会上一部分人享有生产资料垄断权的地方，劳动者，无论是自由的或不自由的，都必需在维持自身生活所必需的劳动时间以外，追加超额的劳动时间来为生产资料的所有者生产生活资料。"《马克思恩格斯文集》第 9 卷，人民出版社 2009 年版，第 217 页。

息的特征。

但在马克思看来，"资本并没有发明剩余劳动"。随着分工的出现，当个人的劳动发展到一定程度上的社会化劳动的时候，即"一个人的剩余劳动成为另一个人的生存条件的关系"①时，剩余劳动就出现了。因此，剩余劳动作为超过必需劳动时间的劳动（一定的需要量的劳动），是必要的而且应当始终存在。而且在这一劳动时间内生产的劳动产品由他人占有，这是所有对抗性社会在对剩余劳动剥削中的共同点。但资本主义制度同它之前的所有制相比，"更有利于生产力的发展，有利于社会关系的发展，有利于更高级的新形态的各种要素的创造"，②这也是马克思所要表达的资本的文明作用之一。但不可否定，资本主义社会比起任何一种在它之前的社会形式，它对剩余劳动的占有程度和对剩余劳动的获取方式上，更具有强制性和对抗性。

在现代资产阶级社会中，被马克思称之为"人格化的资本"的资本家，虽然也像奴隶主或封建主一样，靠占有他人无酬的剩余劳动致富的，但他们对这种无酬的剩余劳动占有的方式是不同的。在马克思看来，在资产阶级社会之前"剩余劳动不是用直接强制的办法从生产者那里榨取的，生产者也没有在形式上从属于资本。资本在这里还没有直接支配劳动过程"。③但在资本主义生产条件下，资本家通过资本从工人身上得到"未付等价物"的剩余劳动——无酬劳动，取得了对无酬劳动的支配权并被体现为剩余价值。换句话说，就是只有到了生产商品是为了占有自由工人的剩余劳动，即剩余价值的时候，这种剩余劳动才具有现代经济学意义上的"资本"的概念。资本成了资本家的灵魂，资本家成为了"人格化的资本"。④剩余劳动作为超过一定的需要量的劳动，本质上是一种"强

---

① 《马克思恩格斯文集》第 5 卷，人民出版社 2009 年版，第 585 页。
② 《马克思恩格斯文集》第 7 卷，人民出版社 2009 年版，第 927—928 页。
③ 《马克思恩格斯文集》第 5 卷，人民出版社 2009 年版，第 583 页。
④ 资本家作为"人格化的资本，他的灵魂就是资本的灵魂。而资本只有一种生活本能，这就是增殖自身，创造剩余价值，用自己的不变部分即生产资料吮吸尽可能多的剩余劳动。"《马克思恩格斯文集》第 5 卷，人民出版社 2009 年版，第 269 页。

制劳动"。① 在这个意义上，马克思把资本看作是一定具体历史阶段的产物。资本关系只有当"劳动本身已经在一定程度上社会化的时候，一个人的剩余劳动成为另一个人的生存条件的关系才会出现"。②

所以，马克思强调，从剩余劳动的历史发展来看，以资本形式占有的这种剩余劳动更有利于生产力的发展，因为它总是与"物质劳动一般所占用的时间的更大的节制结合在一起"。③ 虽然社会的现实财富并不是取决于剩余劳动时间的长短，而是取决于剩余劳动的生产率和社会劳动生产条件的优劣程度。而且，马克思认为，以资本形式而得到的这种剩余劳动的方式，较之以前的社会生产形式，"更有利于生产力的发展，有利于社会关系的发展，有利于更高级的新形态的各种要素的创造"。④

三是资本对劳动的支配权。

受资本内在逻辑的驱使，资本主义的生产不是为了直接满足生产者所需的使用价值，而是为了获得承载着剩余价值的交换价值。劳动作为价值的历史的特殊形式，在资本主义私有制生产方式下，表现为"积累起来的劳动"。马克思从资本对他人劳动产品的私有权和对劳动及其产品的支配权的角度，把资本看作是"积累起来的劳动"。

在马克思看来，在资本存在之前，货币就存在着并发生着作用。每个人通过他自己的活动或产品转化为交换价值，货币作为交换价值的尺度，是物化的交换价值，其存在的前提是社会联系的物化，而交换价值无非是"人们互相间生产活动的关系"。⑤ 因此，货币是人们相互间的"物化关系"的体现。货币的充分发展是现代资产阶级社会中的一个前

---

① "当这种剩余劳动的产品采取了剩余价值的形式，当生产资料所有者找到了自由的工人——不受社会束缚和没有自己的财产的工人——作为剥削对象，并且为生产商品而剥削工人的时候，只有在这个时候，在马克思看来，生产资料才具有资本的特殊性质。"《马克思恩格斯文集》第9卷，人民出版社2009年版，第217页。所以马克思总结道："作为他人辛勤劳动的制造者，作为剩余劳动的榨取者和劳动力的剥削者，资本在精力、贪婪和效率方面，远远超过了以往一切以直接强制劳动为基础的生产制度。"《马克思恩格斯文集》第5卷，人民出版社2009年版，第359页。

② 《马克思恩格斯文集》第5卷，人民出版社2009年版，第585页。

③ 《马克思恩格斯文集》第7卷，人民出版社2009年版，第928页。

④ 同上书，第927—928页。

⑤ 《马克思恩格斯文集》第8卷，人民出版社2009年版，第54页。

提，并在现代资产阶级这个最发达的社会状态下，呈示出它的充分力量。在能购买到劳动力并占有其劳动的前提下，所有者便可以获得他对劳动产品的私有权，也可以获得对劳动及其产品的支配权。

所以，在马克思看来，资本家拥有他人劳动产品的私有权和对劳动的支配权，从而行使着对工人劳动力的"购买权力"。① 资本家就是利用这种体现着"购买权力"的货币资本来行使他的购买力，从而从物那里实现了对社会权力的占有或通过物来证明自己的社会权力，最后赋予了资本所有者"人支配人"的权力。资本家在利用资本的购买权力来行使他对劳动的支配权时，资本这种支配权也支配着资本家本身。因为，对"积累起来的劳动"的永不满足的追逐，也使资本家自己沦落到被死的物牢牢地控制而不能挣脱的境地。他在通过资本得到社会权力中也丧失了自身。

马克思对资本与劳动之间关系的发现，其历史性的伟大意义不仅在于揭示了资本与剩余劳动的关系具有经济剥削性质，而且在于发现了资本可以集结成一种不可抗拒的强大的社会力量，使社会关系的物化普遍地存在于资本的统治当中，从而使资本对劳动的剥削成为资本主义社会的本质关系而具有普遍的意义。这样，资本对劳动的占有所表征的社会关系的物化和人的非人化或非现实化，便作为无须证明的生活条件和作为自然关系的社会条件而被普遍地接受下来。

（二）以劳动为基础的生产向以资本为基础的生产的历史转化

社会生产过程既是人生存和生活所需的物质条件的生产过程，又是生产和再生产关系本身的过程。② 资本主义生产过程作为社会生产过程特定的、历史的规定的形式，也是在一定的物质条件下进行的，马克思把这些物质条件和由这些物质条件下所决定的社会关系看作是"一方

---

① 马克思指出，资本家所拥有的权力"并不是由于他的个人的特性或人的特性，而只是由于他是资本的所有者。他的权力就是他的资本的那种不可抗拒的购买的权力"。《马克思恩格斯文集》第 1 卷，人民出版社 2009 年版，第 130 页。

② 马克思把这些"物质生存条件和他们的互相关系即他们的一定的经济的社会形式的过程"，看作是"各个个人在他们的生活的再生产过程中所处的一定的社会关系的承担者"。《马克思恩格斯文集》第 7 卷，人民出版社 2009 年版，第 927 页。

面是资本主义生产过程的前提，另一方面又是资本主义生产过程的结果和创造物"。①

所以，与传统的政治经济学持有的立场不同，马克思把不同物质条件下的资本主义私有制与"以生产者自己的劳动为基础"的私有制区别开来，把以资本为基础的生产看作是"以剥削他人的劳动为基础"的生产方式。②

在马克思看来，以资本为基础的生产是以剥夺以自己劳动为基础的生产为前提的。这种以自己劳动为基础的小生产，是与"社会的狭隘的、自然产生的界限"相适应的。随着生产关系和交换关系的进一步发展，当个人的分散的生产资料发展成为集中的社会生产资料时，这就构成了资本的前史。③ 因此，一旦劳动者丧失了劳动条件，转为他人的资本，进而劳动力本身成为劳动者唯一的资本时，特别是随着生产的社会化和机器的生产性运用，包含着土地等自然资源在内的其他的一切劳动资料，进一步转化为资本时，以占有自己的劳动为基础的私有制必然向"以剥削他人的劳动为基础"，即以资本无偿占有他人劳动为基础的资本主义私有制转变；商品生产必然转变为现代资本主义的生产方式。

在以劳动为基础的生产中，不论是封建领主与雇工的关系，还是行会中的师傅或帮工和学徒之间的关系，当他把自己的货币转化为资本时，这些货币不仅是"他自身劳动的手段，而且把它用做剥削他人劳动的手段"。④ 因此，无论是从物质形态或是从价值形式来看，都是"被束缚的"资本，还没有完全取得"资本的自由形态"。

商品作为交换价值是对象化劳动，对商品的占有是通过对劳动的占有来实现的。而劳动过程实际上是对自然的实际占有过程。这种对自然的占有是通过社会为中介来实现。所以，对自己的劳动的所有权就转变

---

① 《马克思恩格斯文集》第 8 卷，人民出版社 2009 年版，第 430 页。
② 《马克思恩格斯文集》第 5 卷，人民出版社 2009 年版，第 876 页。
③ "单个商品生产者手中一定程度的资本积累，是特殊的资本主义的生产方式的前提……而特殊的资本主义的生产方式又反过来引起资本的加速积累。"《马克思恩格斯文集》第 5 卷，人民出版社 2009 年版，第 720 页。
④ 《马克思恩格斯文集》第 8 卷，人民出版社 2009 年版，第 374 页。

为对社会劳动的所有权。在资本主义生产方式下，对自己劳动为基础的所有权，在流通中就成为占有他人劳动的基础，使以劳动为基础的生产转变为以资本为基础的生产。

在由劳动为基础的生产向以资本为基础的生产的转变过程中，劳动过程表现为资本的再生产过程，即价值增殖的过程。虽然在资本的再生产过程中不可能离开劳动过程，但从资本的实现形式上看，劳动过程只不过是实现价值增殖的一种手段。在资本那里，生产本身在一切方面都从属于资本生产的条件。资本的再生产只不过是在一定的劳动形式下"人格化了的对象化劳动借以表现的一定的行为方式的生产"。①

但在以资本为基础的生产中，劳动过程对工人来说，不再是像以前那样以工人自己直接的活动方式实现着以"改变了形态的自然物"为中介的他和对象之间的物质交换过程；而是以"改变为工业过程的自然过程"为中介的他和"被他支配的无机自然界之间"的物质交换过程。在向以"工业过程的自然过程"为中介的转变中，"工人不再是生产过程的主要作用者，而是站在生产过程的旁边"作为"监督者和调节者的身份同生产过程本身发生关系"。②

一方面，工人不断地通过自身的劳动把客观财富当作资本来生产，同时生产出"统治他和剥削他的权力"；另一方面，资本家不断地通过工人的劳动使劳动力与劳动资料分离，再生产出"为增殖需要而存在"的劳动力商品。③ 所以，资本主义的生产过程同时就是"资本家消费劳动力"的过程，工人成为"是财富的人身源泉"④，劳动本身只是一种被当作繁殖资本的"活的酵母"。也就是说，资本主义的生产就是以"资本的生产力对象化"为目的的价值生产，或者说

---

① 《马克思恩格斯全集》第 31 卷，人民出版社 1998 年版，第 142 页。

② 《马克思恩格斯文集》第 8 卷，人民出版社 2009 年版，第 196 页。

③ 工人"把客观财富当做资本，当做同他相异己的、统治他和剥削他的权力来生产"，把"物质财富转化为资本，转化为资本家的价值增殖手段和消费品"。"劳动力当做主观的、同它本身对象化在其中和借以实现的资料相分离的、抽象的、只存在于工人身体中的财富源泉来生产。"《马克思恩格斯文集》第 5 卷，人民出版社 2009 年版，第 658—659 页。

④ "物质财富不是为工人的发展需要而存在，工人为了增殖需要而存在。"《马克思恩格斯文集》第 5 卷，人民出版社 2009 年版，第 716 页。

是以"资本生产价值的能力对象化"为目的的资本生产。于是在以资本为基础的生产中，资本便"使自己成为目的本身并作为资本发挥作用"。①

正像以往小生产由于自身的发展而必然造成消灭自身，这种以资本为基础的生产发展到一定程度也会成为自己必然走向灭亡的物质条件，成为"消灭自己的物质手段"②，这是一个历史的过程。

（三）从封建的土地占有到资本的经济权力

在马克思看来，在古代和封建土地所有制占绝对优势下，不论是游牧民族还是以耕作为主的民族，其社会的最初生产形式同农业结合，连与工业相应的所有制形式都或多或少地"带有土地所有制的性质"；在中世纪，甚至资本——"作为传统的手工工具"也具有这种性质。

虽然，作为私有财产基础的土地，从封建的土地占有开始，土地就作为某种异己力量而统治着人。但是在封建的土地占有制下，领主对地产的统治并不是直接表现为单纯的资本的统治，土地所有者对土地还有某种感情的、人格化的一面，马克思把它比喻为："土地仿佛是它的主人的无机的身体。"③

随着大工业的发展，资本主义生产方式不仅"撕断"了在发展之初把农业和工场手工业联结在一起的传统的家庭纽带，使它们走向对

---

① 《马克思恩格斯文集》第 8 卷，人民出版社 2009 年版，第 201 页。

② 由此，马克思得出："资本主义生产方式产生的资本主义占有方式，从而资本主义的私有制，是对个人的、以自己劳动为基础的私有制的第一个否定。但资本主义生产由于自然过程的必然性，造成了对自身的否定。这是否定的否定。"《马克思恩格斯文集》第 5 卷，人民出版社 2009 年版，第 874 页。

③ 在马克思看来："所有者和劳动者之间的关系必然归结为剥削者和被剥削者的国民经济关系；所有者和他的财产之间的一切人格的关系必然终止，而这个财产必然成为纯实物的、物质的财富；与土地的荣誉联姻必然被利益的联姻所代替，而土地也像人一样必然降到交易价值的水平。地产的根源，即卑鄙的自私自利，也必然以其无耻的形式表现出来。稳定的垄断必然变成动荡的、不稳定的垄断，变成竞争，而对他人血汗成果的坐享其成必然变为以他人血汗成果来进行的忙碌交易。最后，在这种竞争中，地产必然以资本的形式既表现为对工人阶级的统治，也表现为对那些因资本运动的规律而破产或兴起的所有者本身的统治。"《马克思恩格斯文集》第 1 卷，人民出版社 2009 年版，第 151 页。

立，同时又使它们在"对立发展的形态的基础上的联合"。① 在资产阶级社会中，一切东西，包括人、土地乃至整个自然界都被卷入私有财产的运动中成为买卖的对象——商品，它们服从于工业和资本的权力，受私有财产、资本的单纯统治。在资本"按照自己的面貌为自己创造出一个世界"②，任何存在物，包括人被纳入资本这一抽象的形式中去以交换价值的形式来表现自己的存在，从而失去自己的独立性和个性。农业不仅失去了以前拥有的一切优势，而且愈来愈受资本支配。如果说在土地所有制占支配地位的社会形式中，自然联系占优势，那么，在资本统治的社会中，"社会、历史所创造的因素占优势"。③ 地产由"没有不属领主的土地"转变为以"金钱没有主人"的资本形式。从而使"一切等级的和固定的东西都烟消云散了"。④

为此，资本不仅统治着劳动者，也统治着处在资本竞争中的所有者。人处在被"死的物质"即资本的完全控制之下。资本，这个社会历史所创造的产物，成为现代资产阶级社会中"支配一切的经济权力"。⑤

但马克思关于资本是"支配一切的经济权力"，与杜林认为的财富是"对人和物的经济权力"观点不同，马克思认为，各种劳动产品或生产资料，对人的控制和支配（经济权力）完全要"借助它所掌握的物"，即依靠和通过对物的支配才能进行或实现对人的支配。正是顺着这一认识逻辑，马克思强调资本不是一般的物，而是一种作为人的社会关系和社会存在方式，体现了资本的社会属性，资本的社会性决定了资本所有者与劳动者（无产者）的关系，而这种关系"决不是自然史上的关系，也不是一切历史时期所共有的关系"，而是"一系列陈旧的社

---

① 《马克思恩格斯文集》第 5 卷，人民出版社 2009 年版，第 579 页。
② 《马克思恩格斯文集》第 2 卷，人民出版社 2009 年版，第 36 页。
③ 《马克思恩格斯文集》第 8 卷，人民出版社 2009 年版，第 31 页。
④ 《马克思恩格斯文集》第 2 卷，人民出版社 2009 年版，第 34 页。
⑤ "资本一旦合并了形成财富的两个原始要素——劳动力和土地，它便获得了一种扩张的能力，这种能力使资本能把它的积累的要素扩展到超出似乎是由它本身的大小所确定的范围，即超出由体现资本存在的、已经生产的生产资料的价值和数量所确定的范围。"《马克思恩格斯文集》第 5 卷，人民出版社 2009 年版，第 697 页。

会生产形态灭亡的产物"。①

（四）社会劳动生产力体现为资本生产力

资本起初是在工场手工业既有的技术条件下使劳动服从自己的。由于劳动工具的革命使工场手工业分工在社会生产过程成为"特殊的资本主义形式"。

一方面，劳动工具的专门化使工人畸形发展，变成局部工人，他们的劳动能作为他人的财产和异己的力量与工人自身相对立，并控制和约束着工人，局部工人的形成加深了劳动部门的社会分裂。在工场手工业中，"总体工人从而资本在社会生产力上的富有，是以工人在个人生产力上的贫乏为条件的"。② 所以，工场手工业分工不仅不是为"工人发展"的社会的劳动生产力，而且靠使各个工人"畸形化"来发展社会的劳动生产力。

另一方面，局部工人在社会劳动部门的分组和结合，造成了社会生产过程重新组合和新的社会劳动组织——大工业生产形式，大工业的生产方式为资本统治劳动生产出了新的条件，创造出"新的、社会的劳动生产力"，即资本生产力。

在以资本为基础的生产条件下，"工人作为独立的人是单个的人"，他们彼此不发生关系。一旦他们进入生产中，他们就不再属于他们自己。这些独立的单个的个人在与"同一资本发生关系"中③，成为了彼此相互协作的"社会工人"。工人作为"社会工人"，不仅是资本存在的前提，也是资本存在的一种特殊形式。所以，马克思指出："工人作为社会工人所发挥的生产力，是资本的生产力"④，资本生产力"作为一个长期发展过程的产物"是在劳动生产力的"经济土壤之上"产生的，它"不是自然的恩惠，而是几十万年历史的恩惠"⑤；既是人类社会生产发展的产物，也是人类劳动的社会形式在

---

① 《马克思恩格斯文集》第 9 卷，人民出版社 2009 年版，第 214 页。
② 同上书，第 418 页。
③ 《马克思恩格斯文集》第 5 卷，人民出版社 2009 年版，第 386 页。
④ 同上书，第 387 页。
⑤ 同上书，第 586 页。

提高劳动生产力的同时，又是一种提高资本对劳动占有程度的"剥削方法"。①

但在所有的社会制度中，使用价值的生产或社会财富的创造都与自然（包括土地）有关，与劳动生产力表现为资本生产力一样②，自然力与由协作、分工等引起的劳动的社会生产力一样也受资本统治，自然资源在使用价值的创造中具有特殊作用。对资本家来说，通过资本对自然力的利用，引起劳动生产力的提高，从而使资本在自然力与社会劳动生产力的结合中获得高利润率，这是对资本的最有利的使用。

马克思把自然的生产力分为无偿的自然生产力和被资本垄断的自然生产力这两种形式：作为劳动的无偿的自然生产力，一般是指作为要素加入生产但无须付代价的自然要素，不论在生产中起什么作用，都不是作为资本的组成部分加入生产，而是作为资本的无偿的自然力，即作为劳动的无偿的自然生产力加入生产的。被资本垄断的自然生产力，是指资本在对自然生产力和社会劳动生产力的单纯利用中，由资本生产力的推动所形成的垄断，使资本有可能"与一种自然力的利用结合在一起"形成一种"可以垄断的自然力"③。但在资本主义生产方式下，无论是无偿的自然的生产力抑或是被资本垄断的自然的生产力，还是社会劳动的生产力，都被资本"当作它自有的生产力来占有"④，从而使一切生产力一样表现为资本的生产力。这样，通过工业化和科学技术得到的社会劳动的生产力的提高，就转化为利润率的提高。

例如，在肥沃的土地或位置较好的土地上生产，其需要的劳动时间较少，生产出来的商品价值量小；反之，在贫瘠的土地上生产，商品的

---

① "资本主义生产方式表现为劳动过程转化为社会过程的历史必然性，另一方面，劳动过程的这种社会形式表现为资本通过提高劳动过程的生产力来更有利地剥削劳动过程的一种方法。"《马克思恩格斯文集》第 5 卷，人民出版社 2009 年版，第 389 页。

② "正像劳动的社会生产力表现为资本的属性，资本家对剩余劳动的不断占有表现为资本的不断自行增殖一样。"《马克思恩格斯文集》第 5 卷，人民出版社 2009 年版，第 701 页。

③ 这种垄断的自然力可以"不许别人通过资本利用它，他们可以允许或拒绝别人去利用它。"它"不是产生于资本，而是产生于资本对一种能够被人垄断并且已经被人垄断的自然力的利用。"《马克思恩格斯文集》第 7 卷，人民出版社 2009 年版，第 726—727 页。

④ 《马克思恩格斯文集》第 7 卷，人民出版社 2009 年版，第 729 页。

价值量就较大。这表明马克思对由劳动所创造的价值与土地这样的自然资源之间具有不可分割的关系的肯定。而且，在马克思看来，通过提高劳动生产率，不仅可以减小生产商品的价值，还可以改善自然的生产力的条件，这样劳动生产率的提高可以被看作是自然生产力与劳动生产力有机契合的结果。但马克思指出，这情况不适合资本逻辑①，受资本内在性即追求利益驱使，资本家通过提高劳动生产率，节省劳动时间其终极关注的是积累起来的劳动所能带来的剩余价值的数量，即关注的是资本的生产力，自然生产力和劳动生产力只是他提高资本生产力的手段和媒介。

因此，从以上分析可以得出，马克思对资本主义生产方式下自然力和社会生产力被资本的生产力取用这一经济事实的揭示，旨在说明自然力和社会关系结合在一起的历史辩证关系。自然生产力之所以与历史发展的社会劳动生产力异化，在于历史地发展起来的、受自然制约的社会劳动生产力与自然生产力表现为"合并劳动的资本的生产力"，在于受资本绑架的工业。大工业把巨大自然力和自然科学并入生产过程，把科学作为一种独立的生产能力与劳动分离开来，并迫使科学为资本服务，正是在工业中，人学会如何通过科学技术来控制自然，而不计后果地忽视自然的承受力和自然的必然性，一味地想主宰自然，单一地想让自然完全服务于人的需要，并迫使"工业上的最高权力成了资本的属性"②，虽然从客观上大大提高了社会劳动生产力。但资本家为了再生产，他必然会对财富无限制地消费或占有，从而造成了对自然资源无限度地使用、掠夺和破坏。

---

① 因为，在马克思看来，"资本本身是处于过程中的矛盾，因为它竭力把劳动时间缩减到最低限度，另一方面又使劳动时间成为财富的唯一尺度和源泉。因此，资本缩减必要劳动时间形式的劳动时间，以便增加剩余劳动时间形式的劳动时间；因此，越来越使剩余劳动时间成为必要劳动时间的条件——生死攸关的问题。一方面，资本唤起科学和自然界的一切力量，同样也唤起社会结合和社会交往的一切力量，以便使财富的创造不取决于（相对地）耗费在这种创造上的劳动时间。另一方面，资本想用劳动时间去衡量这样造出来的巨大的社会力量，并把这些力量限制在为了把已经创造的价值作为价值来保存所需要的限度之内"。《马克思恩格斯文集》第 8 卷，人民出版社 2009 年版，第 197 页。
② 《马克思恩格斯文集》第 5 卷，人民出版社 2009 年版，第 386 页。

三 资本逻辑下的人与人的社会关系

根据以上对马克思关于资本与劳动的经济关系的分析，可以看出，马克思揭示资本对劳动的剥削在于解蔽产生这一经济剥削的生产条件和社会关系结构。[①] 因为，在马克思看来，正是资本对劳动的经济剥削性质，决定了"这种生产的承担者同自然的关系以及他们互相之间的关系"[②] 的性质。"这种生产的承担者同自然的关系以及他们互相之间的关系，他们借以进行生产的各种关系的总体，就是从社会经济结构方面来看的社会。"[③] 所以，马克思清醒地意识到资本是资产阶级社会发展的原则和内在动力，是解开资产阶级社会关系及其这种社会关系下的人与自然关系秘密的一把钥匙。资本主义生产方式下的私有财产制度也就必然衍生出特殊的社会—自然关系。

（一）资本对社会生产的双重作用

马克思在《1857—1858 年经济学手稿》中，充分肯定了资本对自然界、社会的"文明作用"。

首先，马克思明确指出，以机器大工业为物质技术基础的资本生产，催生了现代工业文明，创造出服从于人的需要的"有用性的体系"。资本通过对自然属性和人的属性的充分利用，使人克服了以前的社会发展阶段中自然界的"自在力量"对人的控制及其人对"自然的神化"的屈从，成为"摧毁一切阻碍发展生产力、扩大需要、使生产

[①] 马克思曾在《资本论》第一版序言中就直言不讳地表明了自己这一观点："为了避免可能产生的误解，要说明一下。我决不用玫瑰色描绘资本家和地主的面貌。不过这里涉及的人，只是经济范畴的人格化，是一定的阶级关系和利益的承担者。我的观点是把经济的社会形态的发展理解为一种自然史的过程。不管个人在主观上怎样超脱各种关系，他在社会意义上总是这些关系的产物。同其他任何观点比起来，我的观点是更不能要个人对这些关系负责的。"《马克思恩格斯文集》第 5 卷，人民出版社 2009 年版，第 10 页。

[②] 《马克思恩格斯文集》第 7 卷，人民出版社 2009 年版，第 927 页。

[③] 同上。

多样化、利用和交换自然力量和精神力量的限制"① 的革命性力量。在马克思看来，正是在资本创造的社会中，人才真正创造了人与自然的对象性关系，自然界才真正成为了对人来说的"真正是人的对象"和"真正是有用物"的人的现实世界，才会有自在自然向人化自然的转向，以及人从对自然的崇拜走向对自然的控制。

其次，马克思从满足人的生存与发展需要本身出发，把创造剩余劳动看作是人的普遍需要的客观规定性，认为剩余劳动是在人的需要发展到超过自己自然需要（必要劳动需要）的界限时产生的，把创造剩余劳动与资本的本质规定看作是相一致的。并从这个角度肯定资本对剩余劳动的创造，不仅克服了只满足于"现有需要和重复旧生活方式"的状况，而且随着资本的增殖运动和以资本扩张为动力机制的生产方式的确立，资本作为社会力量彻底摧毁了以劳动为基础的生产，创造了以剩余劳动为核心的资产阶级及其社会②，以及普遍的交往和世界市场③，

① 以上内容分析见马克思下面这段话："如果说以资本为基础的生产，一方面创造出普遍的产业，即剩余劳动，创造价值的劳动，那么，另一方面也创造出一个普遍利用自然属性和人的属性的体系，创造出一个普遍有用性的体系，甚至科学也同一切物质的和精神的属性一样，表现为这个普遍有用性体系的体现者，而在这个社会生产和交换的范围之外，再也没有什么东西表现为自在的更高的东西，表现为自为的合理的东西。因此，只有资本才创造出资产阶级社会，并创造出社会成员对自然界和社会联系本身的普遍占有。由此产生了资本的伟大的文明作用；它创造了这样一个社会阶段，与这个社会阶段相比，一切以前的社会阶段都只表现为人类的地方性发展和对自然的崇拜。只有在资本主义制度下自然界才真正是人的对象，真正是有用物；它不再被认为是自为的力量；而对自然界的独立规律的理论认识本身不过表现为狡猾，其目的是使自然界（不管是作为消费品，还是作为生产资料）服从于人的需要。资本按照自己的这种趋势，既要克服把自然神化的现象，克服流传下来的、在一定界限内闭关自守地满足于现有需要和重复旧生活方式的状况，又要克服民族界限和民族偏见。资本破坏这一切并使之不断革命化，摧毁一切阻碍发展生产力、扩大需要、使生产多样化、利用和交换自然力量和精神力量的限制。"《马克思恩格斯文集》第 8 卷，人民出版社 2009 年版，第 90—91 页。

② 马克思在《共产党宣言》中指出，资产阶级"第一个证明了，人的活动能够取得什么样的成就。它创造了完全不同于埃及金字塔、罗马水道和哥特式教堂的奇迹；它完成了完全不同于民族大迁徙和十字军征讨的远征"。《马克思恩格斯文集》第 2 卷，人民出版社 2009 年版，第 34 页。

③ "因为它使每个文明国家以及这些国家中的每一个人的需要的满足都依赖于整个世界，因为它消灭了各国以往自然形成的闭关自守的状态。"《马克思恩格斯文集》第 1 卷，人民出版社 2009 年版，第 566 页，"各个相互影响的活动范围在这个发展进程中越是扩大，各民族的原始封闭状态由于日益完善的生产方式、交往以及因交往而自然形成的不同民族之间的分工消灭得越是彻底，历史也就越是成为世界历史"。《马克思恩格斯文集》第 1 卷，人民出版社 2009 年版，第 540 页。

这是资本的伟大历史作用所在。但马克思同时指出，一旦剩余劳动与人的需要本身完全脱离或异化，成为了剩余价值的转换形式，资本本身成了这种生产力本身发展的限制和桎梏时，"资本的历史使命就完成了"。①

再次，在马克思看来，资本追求财富的一般形式的欲望，驱使劳动超过自己自然所需要的界限而进行。因此，资本具有生产性和创生性，它不仅为人的丰富个性的发展创造出物质要素，用一种历史地形成的需要代替自然的需要，而且促使体现着人的个性的劳动在人的社会生活活动中得到可能的发展。并在满足资本逐利本性的基础上，资本也最大限度地推进社会生产和消费趋于多样化和全面化，从而为实现整个社会成员"对自然界和社会联系本身的普遍占有"奠定了物质基础。②

不可否定，马克思看到了资本对促进资本主义经济和社会的发展所起的文明化趋势作用，但马克思同时也看到了资产阶级社会的问题不在于用资本逻辑推动经济社会发展，而在于资产阶级物化的社会关系助长了资本运动的消极后果。因为，在马克思看来，资本不是生产力发展的绝对形式。当资本表现为生产力发展的条件和动力时，资本能够促进和推动生产力的发展。但并不是说社会生产力发展水平越高，资本克服和超越自身边界的能力就越强。特别是当社会生产力发展到一定程度时，资本突破自身限制的能力反而越弱，最终成为社会生产力的阻碍。而且，受资本贪婪本性的驱使，资本主义最终无法超越的边界就是资本本身。也就是说，马克思把由唯利贪婪的资本本性造成的以资本为基础的生产的局限性，社会的不平等、人的异化和自然的异化等，看作是资产阶级无法超越的边界。马克思正是立足于揭示资本这种"持续不断的复制"的贪婪本性，展开对资本主义社会的批判的。

---

①　在马克思看来，"资本的垄断成了与这种垄断一起并在这种垄断之下繁盛起来的生产方式的桎梏。生产资料的集中和劳动的社会化，达到了同它们的资本主义外壳不能相容的地步。这个外壳就要炸毁了。资本主义私有制的丧钟就要响了。剥夺者就要被剥夺了"。《马克思恩格斯文集》第5卷，人民出版社2009年版，第874页。

②　为此，马克思指出："资本主义生产本身由于自然变化的必然性，造成了对自身的否定；它本身已经创造出了新的经济制度的要素，它同时给社会劳动生产力和一切生产者个人的全面发展以极大的推动。"《马克思恩格斯文集》第3卷，人民出版社2009年版，第465页。

透过资本的内在本性，马克思看到了以资本为基础的生产是在克服限制同时又产生更大的新的限制的矛盾运动中进行的。一方面，资本在不断地克服与超越各种限制时，创造丰富的财富，促进社会生产力的发展；另一方面，由于资本追求"无止境的致富欲望"的内在本性，以及资本无限度地追求"剩余劳动、超额生产率、超额消费等"的普遍性，使资本在克服生产中所遭受的限制时，又不断地产生出由新的问题、新的矛盾而形成的新的限制，这个限制是由资本本身产生的。当资本发展到一定阶段时，资本就成了"最大的限制"。当产生于资本的矛盾和限制发展到威胁作为社会本质基础的资本本身的时候，现实的社会基础、生产关系的危机就出现了，这种危机最终导致资本的毁灭，这就是马克思所说的，"利用资本本身来消灭资本"的必然性。[①]

（二）资本积累与贫困积累的两极

根据前面对资本的经济剥削性的分析，只要存在工人与劳动资料的异己性，只要社会生产是以价值增殖为前提的资本生产，就必然形成贫困积累与资本积累的两极，一极是资本和财富的积累，另一极"是贫困、劳动折磨、受奴役、无知、粗野和道德堕落的积累"。[②]

在资本主义的生产中，劳动者被剥夺了创造财富所需要的一切的生产资料和劳动条件，这些与生产资料、劳动条件分离的生产者，从结合的劳动人员转化为总体的生产工人，他们生产商品还不够，还必须生产剩余价值，只有为资本生产时他们才成为生产工人。[③] 他们的劳动不断地对象化为归他人所有的产品中，劳动过程只表现为价值增殖过程的一种手段。被并入价值增殖的资本运动中的生产资料和劳动

[①] 马克思说："资本不可遏止地追求的普遍性，在资本本身的性质上遇到了限制，这些限制在资本发展到一定阶段时，会使人们认识到资本本身就是这种趋势的最大限制，因而驱使人们利用资本本身来消灭资本。"《马克思恩格斯文集》第8卷，人民出版社2009年版，第91页。

[②] 《马克思恩格斯文集》第5卷，人民出版社2009年版，第744页。

[③] "生产工人的概念决不只包含活动和效果之间的关系，工人和劳动产品之间的关系，而且还包含一种特殊社会的、历史地产生的生产关系。这种生产关系把工人变成资本增殖的直接手段。"《马克思恩格斯文集》第5卷，人民出版社2009年版，第582页。

条件对于劳动者来说只是生产活动的手段和材料，对于资本家来说，则成为了无偿占有工人劳动的工具和媒介。这些生产资料和劳动条件在资本生产中，以"人格化"的形式牢牢地控制着工人，也控制着资本家：一方面，工人的劳动在资本生产中完全受这些劳动条件和生产资料的限制，从而失去了劳动的自由也丢失了自我。另一方面，资本家为了无止境地积累剩余价值和市场竞争的需要，不得不把这些物资本化，这些被资本化了的物牵引和控制着资本家在生产和消费中的一切行动。①

　　同时，资本家作为资本的人格化，他所具有的致富欲和贪欲在资本主义生产方式的历史时期作为绝对的欲望占统治地位。资本家对价值增殖的狂热追求虽然表现为资本家个人的行为，但却以"社会机制"的形式发挥作用，资本家只是"这个社会机制中的一个主动轮罢了"。② 一方面，挥霍、奢侈成为"资本家营业的一种必要"并被资本家列入资本的交际费用中；另一方面，竞争作为资本主义生产方式的内在规律支配着每一个资本家不断地靠积累资本来维持并扩大自己的资本，这些被扩大的"累进的资本积累"成为资本主义生产发展的内生动力。③ 随着劳动生产力的不断发展和社会财富在资本家手中积聚增进，资本主义创立了一个开辟致富之源的享乐世界。伴随着资本家的贪欲与累进的资本积累，资本家以此实现对社会财富世界的

---

　　① 这些生产资料"转化为吮吸他人劳动的手段，不再是工人使用生产资料，而是生产资料使用工人了"。《马克思恩格斯文集》第 5 卷，人民出版社 2009 年版，第 359 页。"不是工人使用劳动条件，相反地，而是劳动条件使用工人，不过这种颠倒只是随着机器的采用才取得了在技术上很明显的现实性。"马克思在此分析了其中之原因："工人的产品不仅不断地转化为商品，而且也转化为资本，转化为吮吸创造价值的力的价值，转化为购买人身的生活资料，转化为使用生产者的生产资料。工人本身不断地把客观财富当做资本，当做同他相异己的、统治他和剥削他的权力来生产，而资本家同样不断地把劳动力当做主观的、同它本身对象化在其中和借以实现的资料相分离的、抽象的、只存在于工人身体中的财富源泉来生产，一句话，就是把工人当做雇佣工人来生产。"《马克思恩格斯文集》第 5 卷，人民出版社 2009 年版，第 658 页。从这一意义上，马克思论断道："劳动资料不仅是人类劳动力发展的测量器，而且是劳动借以进行的社会关系的指示器。……显示一个社会生产时代的具有决定意义的特征。"《马克思恩格斯文集》第 5 卷，人民出版社 2009 年版，第 210 页。

　　② 《马克思恩格斯文集》第 5 卷，人民出版社 2009 年版，第 683 页。

　　③ 同上。

征服。①

正如马克思1856年《在〈人民报〉创刊纪念会上的演说》中所提到的:"随着人类愈益控制自然,个人却似乎愈益成为别人的奴隶或自身的卑劣行为的奴隶。"② 马克思在这里所说的"愈益控制自然"的"人类",不是抽象意义的人类,是指具体的资产阶级社会。在这由资本编织成的"有用性体系"的社会关系中,社会的一切东西都被完全卷入资本运动的"有用性的体系"中来,都可以转变为资本,成为人获取利益的对象和手段。资本作为资产阶级社会的基本原则和本质特征,以资本形式出现的商品的交换价值获得了统治的地位。

(三) 资本统治下的社会关系物化

马克思在《政治经济学批判(1857—1858手稿)》中较为系统地阐述了资本统治下物化的社会关系的生成。根据马克思的分析,在资本主义社会之前的人类历史发展阶段,受生产力低下的限制,个人是作为"具有某种规定性的个人而互相发生关系"③。这些具有某种规定性的个人受同样具有相应规定性的他人的限制,个人之间的联系表现为个人受他人限制的规定性,如封建主和臣仆之间,地主和农奴之间。他们这种个人之间的关系还没有作为独立于个人自身之外的对象与个人自己相对立。他们的生产活动还在相对狭隘的社会关系中进行,④ 个人之间的关系表现为人的依赖性关系,在个人创造出他们自己的社会联系之前,他们不可能把这种社会联系置于自己支配之下。

随着资本主义的产生和发展,受社会分工的制约和人的生活需要的

---

① 对财富的占有使利益被升格为"对人的统治。利益霸占了新创造出来的各种工业力量并利用它们来达到自己的目的;由于私有制的作用,这些理应属于全人类的力量便成为少数富有的资本家的垄断物,成为他们奴役群众的工具"。《马克思恩格斯文集》第1卷,人民出版社2009年版,第105页。

② 《马克思恩格斯文集》第2卷,人民出版社2009年版,第580页。

③ 《马克思恩格斯文集》第8卷,人民出版社2009年版,第58页。

④ "还没有造成自己丰富的关系,并且还没有使这种关系作为独立于他自身之外的社会权力和社会关系同他自己相对立。"《马克思恩格斯文集》第8卷,人民出版社2009年版,第56页。

发展，人的依赖性关系，转向了人对物的依赖关系上。① 一方面，个人与个人之间的"固定的依赖关系的解体"，彼此成了除了有物的利益联系之外就没有其他关系的"毫不相干"的犹如"单一的原子般的"个人。另一方面，受对物质占有需要的制约，每个人的生产必须依赖于他人的生产，从而使这些"毫不相干"的个人，通过交换生产活动，他们又"全面的依赖"，并通过这种方式使他们把自己同社会联系起来。马克思把这种由人的社会生产活动而结成的社会联系，看作是"与这些个人本身相对立而独立化"的，但又是对物的"全面的依赖"的社会关系。②

人们之间这种外表上看是独立的社会关系，在社会生产过程中体现为不受他们个人控制且不以他们的个人活动和意志为转移的关系，对个人来说是异己的东西，但又是每个个人的存在都必须从属于的东西；也就是说，本是人的本质力量体现的人自己的社会关系，不仅表现为"物与物的关系的虚幻形式"③，而且，在资产阶级的社会中变成了对人来说是异己的、与人对立的物的关系。这种以对物的依赖为基础的社会关系使人与人之间的社会联系变成物与物的联系和赤裸裸的利害关系，物化成为人的存在的普遍现实，这种物化的社会关系限制并控制着人，使人的社会生活普遍物化，从而形成了社会生活二律背反的境遇。

一方面，在"以物的依赖性为基础"的社会关系中，④ 个人对物的依赖成为其自身具有独立性的物质基础与必要前提。对物的依赖性使人的存在从原来所依附和从属的狭隘共同体中解放出来，获得了个体的独立性，特别是随着分工的发展和生产的社会化程度提高，社会财富增多，人的物质需求得到更多更大的满足，人作为社会的自为主体，正是

---

① "一切产品和活动转化为交换价值，既要以生产中人的（历史的）一切固定的依赖关系的解体为前提，又以生产者互相间的全面的依赖为前提。"《马克思恩格斯文集》第 8 卷，人民出版社 2009 年版，第 50 页。

② 也就是说，"人与人的互相独立为物与物的全面依赖的体系所补充"。《马克思恩格斯文集》第 5 卷，人民出版社 2009 年版，第 129 页。

③ 《马克思恩格斯文集》第 5 卷，人民出版社 2009 年版，第 90 页。

④ 社会形成了"普遍的社会物质变换、全面的关系、多方面的需要以及全面的能力的体系"。《马克思恩格斯文集》第 8 卷，人民出版社 2009 年版，第 52 页。

在人与自然、人与人的对象关系的展开过程中，人的个性才得到发展；另一方面，随着人的存在的物化的进一步发展和对物的依赖性的片面追逐，人的独立性陷入不可克服的困境中。因为这种独立性并没有使人真正转化为"有个性的个人"，而是片面地表现为"原子化的个人"和"狭隘的利己主义的个人"。

因此，人对物质生活资料的依赖，转向了对财富的外在占有，最终导致了把对物质财富无止境的追求变成了生产的目的，[①] 这些追求物质利益和物质享受的个人分裂成原子似的散乱的个体，他们之间的关系被扭曲为非人的物的关系，人在物化的社会关系被奴役被沦落为非人。他们每个人的口袋里都装着独立于他自身之外的社会权力和社会关系。人在这样的物化的社会关系驱使下，他们只追求片面的物的满足的个性被发展为极致。

但马克思同时指出，受物的依赖性社会关系的限制，与受人的依赖性关系限制相比，前者有更大的"自由"。[②] 因为，在马克思看来，个人正是在独立于他们之外的、同他自己相对立的"物的依赖性"关系中，创造着自己丰富的关系和全面的能力。这种物的社会关系是历史发展的产物。

四　被奴役的社会——自然关系

马克思虽然肯定了资本利用自然属性和人的属性，创造出服从于人的需要的"有用性的体系"的积极作用。但马克思清楚地看到，人以片面追求物质需求满足的方式来证明自己存在的行为，不是人的本质力量的表现，而是人的本质的异化。并在对追求物质利益至上的资产阶级社会关系和人的生活本质的物质化的深刻批判中，揭示了由资本的有用性原则所引起的社会——自然的被奴役状态。

---

① "人和人之间除了赤裸裸的利害关系，除了冷酷无情的'现金交易'，就再也没有任何别的联系了。它把宗教虔诚、骑士热忱、小市民伤感这些情感的神圣发作，淹没在利己主义打算的冰水之中。"《马克思恩格斯文集》第 2 卷，人民出版社 2009 年版，第 34 页。

② "单个人不能摆脱自己的人的规定性，但可以克服和控制外部关系。"《马克思恩格斯文集》第 8 卷，人民出版社 2009 年版，第 58 页。

(一) 资本生产力下的"生产者的殉难史"

作为大工业基础的机器由于资本主义的应用，它不仅是生产资料也是价值增殖资料，它与科学技术、自然力和人的劳动一道，作为提高社会生产力的独立的力量，都被置入为资本生产的体系中，并入劳动过程中为资本生产服务，成为支配一切的资本统治力量。① 一切通过科学技术提高社会生产力的方法、手段和媒介，同时又是提高资本生产力即实现资本积累的方法、手段和媒介。但实际上，一切提高社会劳动生产力的方法都是通过奴役、剥削工人的劳动来实现的。② 社会劳动生产力的提高，使资本获得更大的力量和自由，但它却消蚀了工人劳动本该有的自由活动性质，无论是在身体上还是在精神上使工人与自己的劳动相对立。所以，社会劳动过程成了"对工人个人的活力、自由和独立的有组织的压制"，表现为"生产者的殉难史"。③

同时，资本生产作为以获取交换价值和利润为目的的生产，使用价值只是交换价值的物质承担者，这促使着资本不断地运用技术提高资本有机构成，进行无限制的生产以获得源源不断的交换价值和利润，以资本为基础的生产呈现无限扩大的趋势，社会需求也被置入资本运行中发挥着特定的作用。在这由商品和资本统治的世界，每个生产活动都受资本利润的驱使，为了贪利，人们可以不惜任何代价去算计人。④ 并促使着人毫无节制地从事以资本为核心的生产活动，以及毫不放过任何一种能够刺激资本得以实现的消费，乃至造成由过度生产而造成的对自然的过度使用。⑤ 整个社会强制性地把由人的自然本性所决定的对物的需求

---

① 《马克思恩格斯文集》第5卷，人民出版社2009年版，第486页。

② 它不仅"使工人畸形发展，成为局部的人，把工人贬低为机器的附属品，使工人受劳动的折磨，从而使劳动失去内容"，而且还"夺去了工人身体上和精神上的一切自由活动"，从而"使劳动过程的智力与工人相异化"。《马克思恩格斯文集》第5卷，人民出版社2009年版，第743—744页。

③ 《马克思恩格斯文集》第5卷，人民出版社2009年版，第579页。

④ "迎合他人的最下流的念头，充当他和他的需要之间的牵线人，激起他的病态的欲望，默默地盯着他的每一个弱点。"《马克思恩格斯文集》第1卷，人民出版社2009年版，第224页。

⑤ "都指望使别人产生某种新的需要，以便迫使他作出新的牺牲，以便使他处于一种新的依赖地位并且诱使他追求一种新的享受。"《马克思恩格斯文集》第1卷，人民出版社2009年版，第223页。

变成作为人的本质需求去追求，除了外在的利益关系，人们之间好像没有其他关系可言了。在这物统治着人的世界中，人们把对物的依赖看作是人的独立性的体现，人的社会性本质存在，变成了"物性"存在。

因此，在当代资本主义制度下，不仅存在着过度生产，而且存在着过度消费。这种过度消费是由人对财富的完全依赖而引起的。人们创造财富，不是为了满足人的合理需求，而是为了占有财富，把人对财富的占有程度作为衡量和显示人的力量大小的尺标。所以，人对财富的需求不是人本真的需求，而是为了占有的需要，是一种"虚假的需要"。①这种"虚假的需要"不仅刺激了过度生产，而且也刺激了人的过度消费。② 而过度消费进一步加剧了人与自然关系的紧张。"甚至工人阶级的个人消费，在一定限度内，也不过是资本再生产过程的一个要素"③。虽然工人为了自己的消费而生产，对于工人自己来说是非生产性消费，但对于资本家来说，它体现为资本消费劳动力而获得了价值增殖的生产消费。因此，工人对自身劳动力的消费，又具有生产性，不仅再生产出贫困的个人，而且生产出资本家占有他人财富的关系，资本家为了获得更多的价值增殖，他必须对财富无限制地消费，从而生产出对自然资源无限度地使用、掠夺或破坏的力量。④

可见，资本的有用性原则剥夺了作为人的需要存在着的社会的本

---

① "工人的粗陋的需要是比富人的讲究的需要大得多的赢利来源。伦敦的地下室住所给房产主带来的收入比宫殿带来的更多，就是说，这种住所对房产主来说是更大的财富，因此，用国民经济学的语言来说，是更大的社会财富。——正像工业利用需要的讲究来进行投机一样，工业也利用需要的粗陋，而且是人为地造成需要的粗陋来进行投机。因此，对于这种粗陋来说，自我麻醉，这种对需要的虚假满足，这种包容在需要的粗陋野蛮之中的文明，是一种真正的享受"。《马克思恩格斯文集》第1卷，人民出版社2009年版，第229页。

② 诚如弗洛姆所说："人本身越来越成为一个贪婪的被动的消费者。物品不是用来为人服务，相反，人却成了物品的奴仆。"［美］埃里希·弗洛姆：《在幻想锁链的彼岸》，张燕译，湖南人民出版社1986版，第174页。

③ 《马克思恩格斯文集》第5卷，人民出版社2009年版，第661页。

④ 正像恩格斯所揭示和批判的那样，"到目前为止的一切生产方式，面对自然界和社会，人们注意的只是以劳动取得的最近的、最直接的效益。那些晚些时候才会显现的较远效应的结果，则完全被忽视了。资本家都是为了直接的利润而从事生产和交换，他们考虑的只能是最近的最直接的结果。只要获得利润，他就满意了，至于这些行为在自然方面的影响，他并不关心。需求和供给之间的和谐，竟变成二者的两极对立。"《马克思恩格斯文集》第9卷，人民出版社2009年版，第563页。

质，即人的社会性本质，使人与人之间的社会关系，变成了非社会化关系，即赤裸裸的物的关系，人的尊严受踩踏，变成了"交换价值"。人的生活价值在物化世界的交换价值中扭曲、变形，非人化，从而直接造成人的生活活动的扭曲和由此产生了人奴役人的异化关系。

（二）资本有用性原则下的人与物关系的颠倒

马克思置身于现实的历史生活语境中，揭示了在资本逻辑占据主导地位的历史条件下，物化的社会关系颠倒了人与物的关系。整个社会生活普遍物化，人与物的关系由人对物的统治转向了物对人的统治。

在资本主义生产方式下，一切物只要是生产要素，不论劳动资料、劳动条件，连同劳动力都可以资本的形式出现，一旦这些物进入生产中，就融入资本的生产中，并以资本的形式支配并控制着人，控制着人与物、人与人之间的关系。这种由资本中介的人与物、人与人之间的关系，其结果就是物控制着人，人与社会关系相异化。[①] 在以往的历史发展阶段里，物作为手段服从于人的支配，而在资本主义阶段，作为生活本身的劳动"仅仅成为生活的手段"[②]，人的活动完全由直接的物质利益所支配，表现为对物质的单纯占有，金钱成为社会权力的第一杠杆。[③] 在资本主义的劳动过程中，不仅工人作为创造他人财富的力量，在生产中成了同劳动工具一样的是"有自我意识的"生产工具[④]，沦为附属于资本的生产剩余价值的机器。资本家不仅把货币转化为商品，而且把一切能够成为资本的物"人格化"为统治人的工具。[⑤] 而物对人的

① 所以，马克思认为，"资本不是物，而是一定的、社会的、属于一定历史社会形态的生产关系，后者体现在一个物上，并赋予这个物以独特的社会性质。"《马克思恩格斯文集》第 7 卷，人民出版社 2009 年版，第 922 页。

② "为生产而生产，为积累而积累"成为资本的历史使命，"生产表现为人的目的，而财富则表现为生产的目的。"《马克思恩格斯文集》第 8 卷，人民出版社 2009 年版，第 137 页。

③ "其他一切肉体的和精神的能力都成了牺牲品。"《马克思恩格斯文集》第 9 卷，人民出版社 2009 年版，第 308 页。

④ 《马克思恩格斯文集》第 5 卷，人民出版社 2009 年版，第 661 页。

⑤ "当他把活的劳动同这些商品的死的对象性合并在一起时，他就把价值，把过去的、对象化的、死的劳动转化为资本，转化为自行增殖的价值，转化为一个有灵性的怪物"并统治着人。《马克思恩格斯文集》第 5 卷，人民出版社 2009 年版，第 227 页。

统治的后果，就是商品拜物教、货币拜物教、资本拜物教成为人生活的目标和追求；人的需要降低为只是物质上的满足，人被贬低为物，成为"肉体需要"的奴仆。所以，马克思把资本家称为人格化的资本，资本家的灵魂就是资本。不仅人格物化，而且被人格化了的物还控制统治着人，人格的物化与物的人格化由此走向了对立。①

人的自由与发展依然受到来自资本逻辑和物化的社会关系的限制与阻碍。极其片面的、机器般的劳动，使人在精神上和肉体上越来越片面化和从属化，人被贬低为机器。一些人的发展是与另一些人的不发展为条件的。因此，社会本身作为这种强制性的关系存在也丧失了人的本质的意义，劳动者不是作为人而存在，而只是作为工人才存在。② 人们对现实幸福的追求往往是以不幸福为必然结果，社会成为一种非人化的社会，人以非社会化关系而存在着。③

为此，马克思指出，财富作为人的劳动的对象化产物，本是人的本质力量的外在表现形式，但在由资本主导下的现代社会中，人把自身的自由性完全建立在对财富的依赖上，财富成了人体现自身独立性的至高追求。人为了财富而生产，人的生产活动成了人取得财富的手段。④ 对财富的迷恋和对财富的积累，成了现代资本主义社会人的生活，人们在无止境地对财富的追逐中和争夺中不仅迷失了自己，忘却了人的生产活动的本真意义，而且人们为了创造更多的财富，不断地过度刺激生产和消费，从而无度地对自然进行盘剥和掠夺。西斯蒙第也很早就看到资本主义社会中财富增长与人的幸福的背离，认为财富应当属于人而且为人

---

① 《马克思恩格斯文集》第5卷，人民出版社2009年版，第135页。

② "工人仅仅为增殖资本而活着，只有在统治阶级的利益需要他活着的时候才能活着"。《马克思恩格斯文集》第2卷，人民出版社2009年版，第46页。

③ "社会是由于构成社会物质基础的劳动群众得不到发展而发展的"，"一方的自由发展是以工人必须把他们的全部时间，从而他们发展的空间完全用于生产一定的使用价值为基础的；一方的人的能力的发展是以另一方的发展受到限制为基础的。迄今为止的一切文明和社会发展都是以这种对抗为基础的"。《马克思恩格斯全集》第32卷，人民出版社1998年版，第214页。

④ "在现代世界，生产表现为人的目的，而财富则表现为生产的目的。"《马克思恩格斯文集》第8卷，人民出版社2009年版，第137页。

所享受。但财富到底给人带来了什么呢?① 当人们在累敛财富时会"为了物而忘记人";当人们为了财富而不计后果地向自然索取时,又会"为了人而忘记物"。实际上,在马克思那里,财富是实现人的本质力量的手段,是维护和促进人的发展的物质基础和媒介。但在资本主义生产方式下,财富不是人的发展的手段而成了目的,甚至人的发展也间接地成为追求和积累财富的垫脚石。所以,无论是"为了人而忘记物"还是"为了物而忘记人"都将造成人与物的颠倒。②

所以,在人与物关系颠倒的状态下,人们的生活屈从于直接的感性刺激与片面的物质享受,表现为"一切感觉的单纯异化"。这种物化的生活曲解了人的社会生活的内涵和对人的生活意义的追求,从而丧失了人的现实生活应有的丰富性和超越性,并使人对自然的关系由此面临着异化的危机。

历史地看,人本身的劳动的异化虽然引起了人与物关系的颠倒,并使工人在这种被奴役的、强制性的、无情的、对立的关系下创造财富,但生产的目的最终不能只是财富,而是努力促进人的全面发展,这也是马克思对人类社会生产发展趋势和过程的历史解答。③

(三) 资本运动中的人与自然之间的物质变换的断裂

人与自然的物质变换的方式,随着时代而变化。无论什么时代,人类都一直在为了生存而控制自身与自然的关系。前工业化时代,面对自然的巨大力量,人类更多的是采取通过控制自己达到适应自然的方式,来控制人与自然的物质变换。工业化时代帷幕拉开后,随着科学技术的

---

① "除了给各个阶级带来忧虑、困苦和完全破产以外,另外还有什么呢? 为了物而忘记人的英国不是为了手段而牺牲目的吗?"[瑞士] 西斯蒙第:《政治经济学新原理》,何钦译,商务印书馆1964年版,第9页。

② 正如恩格斯在《家庭、私有制和国家的起源》一文中所引用的摩尔根关于财富的描述:"财富的增长是如此巨大,它的形式是如此繁多,它的用途是如此广泛,为了所有者的利益而对它进行的管理又是如此巧妙,以致这种财富对人民说来已经变成了一种无法控制的力量。"《马克思恩格斯文集》第4卷,人民出版社2009年版,第197页。

③ 由劳动异化而形成的资本生产,在马克思看来,它是"创造社会劳动生产力的必经之点,只有这种无情的社会劳动生产力才能构成自由人类社会的物质基础"。《马克思恩格斯文集》第8卷,人民出版社2009年版,第469页。

发展和人类认识自然改造自然的能力增强，人类更多地强调人与自然关系中的一方——自然，而对于控制自身力量的问题却忽视了，所以它不过是异化了的控制人与自然的物质变换的思想，结果必然会引起自然环境的破坏，从而进一步破坏人与自然之间正常的物质变换关系。

马克思在《资本论》中不但详尽讨论了资本主义生产中人与人的关系，还联系人与人的社会关系揭示了与之交织在一起的人与自然的关系。马克思在讨论人与自然的关系时，使用了"物质变换"（《资本论》法文版的中译是"物质循环"）这个概念。马克思指出，社会生产过程不仅包括人与自然之间物质变换的"自然"过程，还包括体现着人与人之间社会经济关系的"社会"物质变换过程。换言之，在物质变换的实现过程中，人与自然的关系同人与人的社会经济关系是不可割裂的。不仅包括人与自然之间物质变换，还包括社会各部门、城乡、工农之间的循环。

资本主义一方面带来了生产力的迅速发展，另一方面人与自然关系随着资本主义生产的发展而出现断裂，使生态问题逐渐演化成生态危机。马克思曾对资本主义农业中的土地使用状况进行分析时指出，如果没有人对自然的主体化的实践作用，就没有人与自然关系的分离，也就没有人与自然关系的和谐，而人对自然的实践活动正是在资本与异化劳动的矛盾运动中得到充分发展和实现的。① 在马克思看来，作为社会历史发展产物的资产阶级社会是在工业革命基础上发展起来的，这决定了资本主义的生产方式是以人控制自然的观念及其支配行为为前提。资本要达到对人的统治与奴役，不仅要通过人，而且也离不开人对自然的无限度的盘剥才能实现。②

---

① "不是活的和活动的人同他们与自然界进行物质变换的自然无机条件之间的统一，以及他们因此对自然界的占有；而是人类存在的这些无机条件同这种活动的存在之间的分离，这种分离只是在雇佣劳动与资本的关系中才得到完全的发展。"《马克思恩格斯文集》第 8 卷，人民出版社 2009 年版，第 139 页。

② 这一观点与恩格斯在《自然辩证法》中《劳动在从猿到人的转变中的作用》那一章节中所持的观点是一致的："在各个资本家都是为了直接的利润而从事生产和交换的地方，他们首先考虑的只能是最近的最直接的结果"，这个"最近的结果"就是："在今天的生产方式中，面对自然界以及社会，人们注意的主要只是最初的最明显的成果，可是后来人们又感到惊讶的是：人们为取得上述成果而作出的行为所产生的较远的影响，竟完全是另外一回事，在大多数情况下甚至是完全相反的。"《马克思恩格斯文集》第 9 卷，人民出版社 2009 年版，第 562—563 页。

　　所以，自然界作为人生活的对象世界，也被置入以资本为基础，以利益为核心、以增殖为目标的生产中去。正如马克思在分析"大工业和农业"的关系时指出：资本主义生产使它汇集在各大中心的城市人口越来越占优势，这样一来，它一方面聚集着社会的历史动力；另一方面又破坏着人和土地之间的物质变换，也就是使人以衣食形式消费掉的土地的组成部分不能回到土地，从而破坏土地持久肥力的永恒的自然条件。马克思把对环境的破坏看作是对物质变换的破坏，即破坏了维持生命所必需的、正常的人与自然之间的物质变换。这两者是密切相关的，后者因前者而致。

　　在此基础上，马克思指出，资本生产是在社会生产长期发展的"经济土壤上"产生的，作为资本支配劳动而发展起来的现有的劳动生产率，不是"自然的恩惠"，而是社会生产长期发展的"历史的恩惠"，是"在以机器为基础的大工业中完成的"。①

　　以价值增殖为条件的资本主义生产方式，② 把利益的最大化当作自己的最终目标，普遍的社会物质变换必然造成对自然破坏和对人摧残。在马克思看来，资本主义生产方式包含着绝对发展生产力的趋势，决定了资本在无限地追求发财致富时，力求无限地增加生产力。正因为资本主义发展生产力是受资本逻辑运动驱使决定的。所以，社会劳动生产力的发展是资本的历史任务和权利，这也是资本得以长久存在的理由。正像资产阶级古典经济学家李嘉图……把生产的发展说成是实际增加财富的唯一手段，而把劳动生产力的尽可能快的发展说成是社会的经济基础。实际上这也就是资本主义生产的基础。

　　资本家狂热地追求价值的增殖，肆无忌惮地迫使人类为生产而生产，从而去发展社会生产力，去创造生产的物质条件。在追逐利益的过程中，人们往往忽视了自然资源的有限性和人与自然之间的协调性，而且，为了利润的最大化，在制造了大量生产的同时，也创造了大量消费的生活方式。消费文明是资本主义主导的工业文明的必然结

---

　　① 《马克思恩格斯文集》第 5 卷，人民出版社 2009 年版，第 487 页。
　　② 这种物质交换"是在资本循环和构成这个循环的一个阶段的商品形态变化中完成的"。《马克思恩格斯文集》第 6 卷，人民出版社 2009 年版，第 167 页。

果。在利益的诱惑面前，人类只注重当前的、局部的利益而忽略了长远的、根本的利益，这种毫无节制的滥用、开发和掠夺自然资源的行为，不仅使人们所处的自然界产生异化，而且也造成了人自身的异化，从而使人与自然之间物质变换的异化日益严重，最终导致人类的生存危机。所以，以工业为基础的资本主义生产，一方面运用科学技术极大地发展了资本主义生产力，但又同时"破坏了一切财富的源泉——土地和工人"。① 从而"在社会的以及由生活的自然规律所决定的物质变换的联系中造成一个无法弥补的裂缝"②，这些断裂表现为人与自然的物质变换发生断裂上，以及城市与乡村、工业和农业之间等社会物质变换的断裂上，表现为生产过剩和由此引起的"等量消费就有了一个巨大的裂缝"③，最终也就表现在经济危机以及环境的破坏上。

科学技术在资本生产过程中的运用使生产效率和生产发展速度达到了令人难以想象的程度，而生产的进步和劳动生产力的提高，又为科学技术进一步转化为现实的生产力进而"征服自然提供了手段"④。一方面，科学技术的进步对社会的进步发挥了巨大的作用，科学技术的每个进步都增加了劳动对象的数量和提升了劳动工具的效率，同时扩大了资本的生产领域，使资本具有了"一种不以它的一定量为转移的扩张能力"⑤，把生产过程和消费过程中的废料投回到再生产过程的循环中去提供了可能的现实性。另一方面，资本主义社会遵循的是使利润最大化的资本逻辑运动，所以技术也被运用于这个目的。技术开发是为了提高生产效率，并直接为提高利润服务。因此，技术的开发和对技术使用的选择，是遵循资本逻辑运动的，不能提高利润的技术不被采用。在这种情况下，对环境问题的考虑就不被重视。即使进行了能够减轻环境负荷

① 在"社会生产过程的技术和结合"中，"一方面，它表现为社会的经济形成过程中的历史进步和必要的发展因素，另一方面，它表现为文明的和精巧的剥削手段。"《马克思恩格斯文集》第5卷，人民出版社2009年版，第422、579页。

② 《马克思恩格斯文集》第7卷，人民出版社2009年版，第919页。

③ 《马克思恩格斯文集》第9卷，人民出版社2009年版，第321页。

④ 《马克思恩格斯文集》第8卷，人民出版社2009年版，第357页。

⑤ 《马克思恩格斯文集》第5卷，人民出版社2009年版，第699页。

的技术开发，如果不能提高利润就不会被采用。随着资本主义生产的发展，大量人口涌向了城市，城市人口的汇集，这使人们想起了马克思对文明给大城市带来污染的景象描述，"完全违反自然的荒芜，日益腐败的自然界，成了他的生活要素"①。这不仅破坏了城市工人的身体健康和农村工人的精神生活，而且"破坏着人和土地之间的物质变换"②，由此，造成了人与自然关系的紧张。

同时，随着生产和消费的无限制地增长，从自然界获取作为生产使用价值的劳动对象，即自然资料增多，消耗的数量也日益增加，对自然资源的毁坏日益加重，环境的退化在加速，自然资源呈现稀缺性趋势，生产的无限制的扩大趋势与自然界承载能力有限性之间产生了矛盾。在这样的生产下，自然资源"也像人一样必然降到买卖价值的水平"，被人毫无节制地开发与盘剥，沦落为人获取利益的商品、对象和工具，自然界对人来说已经不是被看作是人为了生存才与之交往的人的无机身体，而是被作为异己的东西遭人掠夺和盘剥，成了任人摆布和奴役的对象。或者说，通过借助于对自然的无限制的掠夺间接地产生了人对自然的奴役。实际上，为了追求资本追求利益，人无止境地盘剥自然，人与自然关系出现了异化。同样，在人与自然关系的不正常和恶化情形下，人与人的社会关系的发展也因此受到阻碍，发展变得缓慢。

可见，人在工业活动中创造着人自己的现实世界，使自然不断地人化为人的对象世界，在对象世界中创造着属人的现实世界。人在自己的对象性的现实世界中，使自己成为创造的主体而控制着自然，由此不再盲目地受自然力的摆布；同样也是人的工业活动，由于受资本主义生产方式的运用，"使人控制自然力"又转为"使人受自然力奴役"的状态，在这一转换过程，资本生产不仅统治着人，使人与人之

① 《马克思恩格斯文集》第1卷，人民出版社2009年版，第225页。

② 一旦人与土地之间的物质变换被破坏，"就是使人以衣食形式消费掉的土地的组成部分不能回归土地，从而破坏土地持久肥力的永恒的自然条件"。因此，马克思尖锐地指出："劳动生产力的提高不仅是掠夺劳动者的技巧的进步，而且是掠夺土地的技巧的进步，在一定时期内提高土地肥力的任何进步，同时也是破坏土地肥力持久源泉的进步。"《马克思恩格斯文集》第5卷，人民出版社2009年版，第579页。

间的社会关系异化，也驱使人为了自己的物质利益，不惜把自然作为增加财富的工具，最终使人与自然之间的物质变换断裂，引起人与自然关系的异化。

不可否定，体现着人的本质力量的工业活动，是人实现与自然进行物质变换中介，也是人自觉地调节自己行为的力量。虽然资本主义生产是以大工业为基础的生产，是在人控制自然的基础上产生的，但必然清楚，由人与人之间的利益矛盾和人与人之间关系的对抗而引起的人与自然之间关系的异化，不是大工业本身产生的，而是从工业的资本主义的应用中产生的。辩证并历史地认识人的工业活动是马克思把握人与自然关系最重要的理论基点，也为我们深化认识"现代性问题"提供了一个重要的理论视角。从这个意义上看，我们可以这样认为，人的工业活动体现着人类史与自然史相互作用、相互催生的发展轨迹，映照出人类文明的进步是一个人在自身的社会生活活动中不断地否定自我的历史过程，人也正是在这一过程中，通过对自然的改造和对自身的改造中实现着人对更新更高的生活样式的追求。

因此，我们不能简单地把生态危机归结于科学技术本身，要从社会关系方面来分析科学技术应用过程中出现的负面效应，既要相信依靠科学技术力量能够解决人类生存环境危机的问题，还要看到变革工业文明的生产方式和建立公正合理的社会利益关系体系对把握科学技术发展及其应用方向的必要性。为实现人与自然的和谐共处，需要从根本上改变现在这种资本主义主导的工业化方式，以及依赖于这种生产的消费生活方式。

五 小结

从以上马克思关于资本及其对社会、自然的影响的论述中，我们可以清楚地看到，马克思关于资本与劳动之间关系性质的历史分析，不是从人、自然两个独立的方面来考察人与自然关系，而是从一定的社会历史和社会制度条件下审视人与人、人与自然关系。

在资本主义生产方式和交往关系的逻辑运作中，资本无止境地追求利润的内在本性，使外部竞争性深深嵌入于以资本为基础的生产中。资本成为统治人的一切力量，让人陷入被物的统治中，一切存在物都与利益、金钱、财产联系在一起，成为这个普遍有用性体系的"体现者"。资本的"有用性"原则成为人看待一切存在物价值的准绳，人的生活活动被迫放到资本的效用上来考量，自然力也在资本的效用上经受着检验。所有者的统治都表现为私有财产与资本的单纯统治。所有者和劳动者之间的关系必然归结为剥削者和被剥削者的经济关系。所有者和他的财产之间的一切人格的关系，必然以物的依赖关系所代替。资本主义社会中普遍的物化具有了全面的异化性质，不仅让整个社会成了人奴役人的非人社会，而且自然成了受人奴役的世界，人与自然之间出现了物质变换的断裂，资本运动逻辑成为人与自然物质变换破坏的根源。

马克思通过对现代资本主义社会所面临的社会困境的客观分析，把资本主义描绘成一个充满悖论的时代。① 一方面，马克思看到了以大机器、技术为基础的工业在资本主义运用中所显现出来的强大力量，看到了资本在促进社会生产力的发展，在物质财富的创造和积累中所起到的伟大的文明作用，正是资本的这种文明作用不仅为资本主义社会的发展提供了技术支撑和财富积累，也为未来社会的发展奠定了物质前提。但另一方面，马克思也看到，正是这种为财富而财富的生产，不断地使人坠入物的统治中成为物的奴隶，物控制着人而不是人控制物的人与物颠倒状态成了资本主义社会中的人的真实呈现。人与人的社会关系在这种以物为中心的生产中走向物化的同时，人与自然的关系随之进入紧张状态也成为现实的必然。

所以，只要作为整体的资本对客观物质条件（生产资料）占有的性质保持不变，资本对自然的作用就不会变。通过市场重新安排竞争条件，资本积累理性化，从本质上改变不了私有财产对自然的作用性

---

① "在我们这个时代，每一种事物好像都包含有自己的反面。我们看到，机器具有减少人类劳动和使劳动更有成效的神奇力量，然而却引起了饥饿和过度的疲劳。财富的新源泉，由于某种奇怪的、不可思议的魔力而变成贫困的源泉。技术的胜利，似乎是以道德的败坏为代价换来的。随着人类愈益控制自然，个人却似乎愈益成为别人的奴隶或自身的卑劣行为的奴隶。甚至科学的纯洁光辉仿佛也只能在愚昧无知的黑暗背景上闪耀。我们的一切发明和进步，似乎结果是使物质力量成为有智慧的生命，而人的生命则化为愚钝的物质力量。"《马克思恩格斯文集》第2卷，人民出版社2009年版，第580页。

质。因为，对于资本主义来说，不是私有财产的法权形式，问题在于客观物质条件同劳动分离，而被资本所占有，成为实现资本积累的必要条件。只要资本与劳动关系还存在，资本对劳动的经济剥削性质还发生作用，资本对于自然的性质就不变，自然资源作为劳动对象为劳动占有还表现为被资本所占有，那么，人对自然的掠夺、异化现象就不会改变。

正是基于此，马克思在《资本论》中多次强调，要推翻资本主义，剥夺剥夺者，使工人和广大劳动人民摆脱贫困状态，这样才能把人从那种奴役人、压迫人、使人变成物的社会关系中解放出来。使人从为满足物质欲望而无限度地盘剥自然的生产活动中，即异化的劳动中解脱出来。① 那时，人的现实的生活关系，即人与人之间和人与自然之间才表现为合理的关系。② 所以，马克思的批判，不只是停留在剥夺剥夺者或剥夺者被剥夺的物质解放上，而是在于使人从这种奴役人的社会关系中解放出来，把改造自然与变革社会关系结合起来，只有变革以资本为主导的不合理的物化的社会关系，建立起由社会共同占有和支配的共产主义社会，才能从根本上解决人与自然的异化问题，最终使人从必然王国走向自由王国，获得人的解放。这也是理解马克思所要建立的社会主义的真正内涵。

应当看到，马克思对资本逻辑下所表现出来的人的社会生活的物化的揭示，不仅在当今发达的资本主义社会中得到印证，而且随着当今资本逻辑在全球化中的推进，由资本逻辑带来的严重的后果也逐渐成为越来越多的发展中国家所要面对的生活现实。在物化的生活中，个人的生活对物质的需求日益狭隘与单一化，人们对精神生活的追求空洞而丧失了超越的内涵，本是体现人的本质特征的人与人之间的社会联系渐行消

---

① "只有当社会生活过程即物质生产过程的形态，作为自由联合的人的产物，处于人的有意识计划的控制之下的时候"，但这"需要有一定的社会物质基础或一系列物质生存条件，而这些条件本身又是长期的、痛苦的发展史的自然产物"。《马克思恩格斯文集》第 5 卷，人民出版社 2009 年版，第 97 页。

② "将合理地调节他们和自然之间的物质变换，把它置于他们的共同控制之下，而不让它作为一种盲目的力量来统治自己。"《马克思恩格斯文集》第 7 卷，人民出版社 2009 年版，第 928 页。

融在以物的联结为纽带的关系，人与自然之间的关系也出现了物质变换断裂，从而使人对自然的关系失去了应有的和谐。如何扬弃和超越以物的依赖性为基础的人的生存和生产困境，引导人的生活方式的文明转换，已经成为严峻而紧迫的时代课题。

第五章　人与自然关系困境消除的
理想性社会维度

　　马克思认为：各种经济时代的区别，不在于生产什么，而在于怎样生产，用什么劳动资料生产。这些都离不开劳动者和生产资料，离不开劳动者和生产资料这两个生产要素的社会存在（分配）形式、在社会生产过程中实行结合的方式。在一切生产过程中，人和自然的关系与人和人、人和社会的关系是相互依存、相互联系的，是同一生产过程中不可分割的两个方面。因此，在资本主义生产方式下劳动与资本的关系决定了其生产目的是无止境地追求剩余价值，决定了它无限扩大的生产模式，以及在无限扩大的生产模式下必然造成不顾自然生态所能承受的力量的技术开发，从而造成生产过程和自然过程的对立、科学技术发展模式与自然的冲突，使人与自然的关系在实质上变成了资本与自然的关系，即为了实现资本利润的最大化，对自然资源的掠夺，对科学技术不计后果的运用，造成了现在的全球性生态危机。因此，要从根本上解决人和自然之间的物质变换断裂，还要进行社会关系和生产方式的变革。

　　马克思在其一生中不断地重申把人与自然、人与社会矛盾的真正解决，放在了具有现实性和理想性相贯通的未来理想社会的建构上。在马克思看来，生存于对抗性的社会关系中的人并没有达到对自己本质力量的完全占有，没有真正获得自我的自由而全面的发展。只有当社会关系为人的自由与发展提供了现实的前提时，也就是只有在"共产主义"的条件下才有可能从根本上解决人与自然的矛盾，才能使人与自然关系真正得到统一与实现。

一　超越以劳动作为交换价值的生产条件

（一）私有财产关系的"普遍化"

在马克思看来，作为对象化的实践活动，必然表现为一定的物化。这种物化通过现代科技、工业、商业而成为人的本质力量的表现和确证。① 从这个意义上，马克思把创造必要的物质生活条件当作人的存在和社会生活获得自由发展的必要的实际前提。

但对马克思而言，人的本质及其实现不仅取决于他对物质资料的依赖关系，还取决于人对物的占有的性质。所以，马克思在确信物化对于人的存在与发展具有历史必然性，是人占有自身全面本质的必要环节的同时，也把对物化的超越和扬弃当作是历史的必然。因为，在马克思看来，物化与资本主义私有制结合在一起就具有了异化的性质。马克思把"人对自己本质力量的占有"抽象为普遍的人的本质，具体化为人对对象的占有，即人对物质资料的占有。② 如果一个人失去了对基本的生存物质资料的占有，他就丧失了一个人应有的人的本质，成了"非现实"的人。所以，要使人成为真正现实的人，就必须改变自己的现实存在，改变他生存的现实条件，恢复对生存资料的占有，消灭对他自己来说的实际异化关系。③

在《政治经济学批判（1857—1858 年手稿）》摘选中，马克思对什么是财富，财富的性质与人的目的本身的关系作了进一步阐述。关于

---

① "自然科学却通过工业日益在实践上进入人的生活，改造人的生活，并为人的解放作准备，尽管它不得不直接地使非人化充分发展。"《马克思恩格斯文集》第 1 卷，人民出版社2009 年版，第 193 页。

② 他认为"不拥有是最令人绝望的唯灵论，是人的完全的非现实，是非人的完全的现实，是一种非常实际的拥有，即拥有饥饿，拥有寒冷，拥有疾病，拥有罪过，拥有屈辱，拥有愚钝，拥有一切不合人道的和违反自然的现象"。因为"在极端贫困的情况下，必须重新开始争取必需品的斗争，全部陈腐污浊的东西又要死灰复燃。"《马克思恩格斯文集》第 1 卷，人民出版社 2009 年版，第 267、538 页。

③ 只有"扬弃对象性本质的异化来占有对象性本质"，才能使人真正实现"对异化了的对象性本质的全部重新占有"。《马克思恩格斯文集》第 1 卷，人民出版社 2009 年版，第 207页。

什么是财富的问题，马克思作了明确而系统的分析。① 根据马克思对财富的论述，马克思是把人的需要、才能、享用、生产力等普遍性，看作是财富对人来说的本身意义，把财富的这种普遍性归结在人的能力的全面发展上，即把人对自然力的占有、人本身的自然力的发挥看作是人对财富的真正占有，并把人对财富这种普遍性的实现看作是人的目的本身，人正是在追求财富的过程中表现出自己并不是某种既定的、不变的、单一的规定性，而是在生产财富中生产出自己完全不同于其他物种的多样性、丰富性和全面性的一面。② 根据马克思的这一观点，人是在追求财富的普遍性中实现着人的目的本身，即生产出具有全面性和变易性（发展性）的自己。但在资产阶级社会中，人不是生产的目的，人对自然的占有不是表现为人的内在本质的发挥，而是表现为"对他人劳动的单纯支配权"上。③

因此，马克思指出，对私有财产的扬弃，就是保持私有制关系仍然是整个社会同实物世界的关系不变，把私有财产关系"推广到一切人身上"，重新确立人与财产的关系。把"不能被所有人占有的"私有财产"消灭"，使人对财产的关系"普遍化"。但马克思在这里所说的被"普遍化"的财产，不是那种由"私有制的生活"本身所决定的作为资本而存在的物（虽然私有制也把"占有"看作是生活的手段，然而作为"私有制的生活"本身却是"劳动和资本化"），而是人的劳动本身，人对财产的普遍占有只是手段，获得劳动的自由才是目的。因此，人对财产的关系就不仅仅是物的占有关系，而是人通过劳动实现了自己对本质力量的真正占有关系，是对由人的自然属性

---

① "如果抛掉狭隘的资产阶级形式，那么，财富不就是在普遍交换中产生的个人的需要、才能、享用、生产力等等的普遍性吗？财富不就是人对自然力——既是通常所谓的'自然'力，又是人本身的自然力——的统治的充分发展吗？财富不就是人的创造天赋的绝对发挥吗？"《马克思恩格斯文集》第 8 卷，人民出版社 2009 年版，第 137 页。

② "人不是在某一种规定性上再生产自己，而是生产出他的全面性：不是力求停留在某种已经变成的东西上，而是处在变易的绝对运动之中。"《马克思恩格斯文集》第 8 卷，人民出版社 2009 年版，第 137 页。

③ "人的内在本质的这种充分发挥，表现为完全的空虚化；这种普遍的对象化过程，表现为全面的异化，而一切既定的片面目的的废弃，则表现为了某种纯粹外在的目的而牺牲自己的目的本身。"《马克思恩格斯文集》第 8 卷，人民出版社 2009 年版，第 137 页。

决定的人的肉体需要或对抽象发展的精神需要的扬弃。这样，马克思把对财产的普遍占有和对财产的使用根植于人的劳动本真状态的实现。扬弃财产的"私有性"，回归财产作为人的劳动的"对象性"，通过对财产的普遍占有，达到人对自身劳动对象性活动的占有。正像马克思恩格斯在《共产党宣言》中所指出的，资本之所以拥有支配统治劳动的权力，这种权力之所以如此强大，就在于资本的这种统治权是融合了社会力量的统治权。① 所以，人对财产的这种新型的占有关系的实现，以及人与自然关系走向和谐，本质上是以扬弃私有财产，变革资本主义生产关系，消除资本对劳动的统治为条件的，它是共产主义社会的基础。同时，马克思强调，人对财产的这种新型的占有关系又是通过建立共产主义社会才能实现的。并且在此基础上，建立一种崭新的所有制，即联合起来的个人所有制。② 这是实现人与人和人与自然和解的社会历史条件。只有在共产主义社会中，不仅资本与工资、资本家与工人的对立将被消除，人与人之间的社会关系也趋于"和解"，而且被颠倒的人与物的关系也被倒正过来，人与自然的紧张异化关系也将被"和解"。当然，马克思历史而辩证地看到，消灭资本主义生产关系是一个历史过程。③

（二）扬弃利己主义性质的个人需要的满足

根据前面我们对马克思关于在对私有财产的扬弃基础上形成的人与财产的新型关系的理解，我们可以进一步逻辑地推断出，马克思强调人对财产的普遍占有关系，是以肯定人的自然本质与人的需求之间的内在联系为前提的。人受吃、喝、住等的自然必然性制约，决定了人对物质

---

① "不是一种个人力量，而是一种社会力量。"《马克思恩格斯文集》第 2 卷，人民出版社 2009 年版，第 46 页。

② "共产主义的特征并不是要废除一般的所有制，而是要废除资产阶级的所有制。"《马克思恩格斯文集》第 2 卷，人民出版社 2009 年版，第 45 页。

③ "人类始终只提出自己能够解决的任务，因为只要仔细考察就可以发现，任务本身，只有在解决它的物质条件已经存在或者至少是在生成过程中的时候，才会产生。"《马克思恩格斯文集》第 2 卷，人民出版社 2009 年版，第 592 页。

资料的需要或依赖关系。① 所以，马克思指出："他们（指人——引者注）的需要即他们的本性。"需要是人内在的、本质的规定性，是人的全部生命活动的动力和根据。

但马克思在肯定人的自然属性所决定的需要的同时，强调了人的社会性的本质特征。受人的本质特征——人的社会性存在的规定。在马克思看来，各个人不同需要的差别是他们进行"社会组合的动因"。② 每一个人都会把自己的私利、欲望和需要，变为追逐身外其他事物和其他人的需求。③ 正是由人的"自然必然性"和"人的本质特性"决定的各个人的需要都是由每个社会成员联合起来的组织在一起的社会需要。各个各人之间进行交换（或有交换行为），形成利害关系，是因为他们之间有着共同利益的内容，但这种共同利益本身不是动因，反映个别利益的需要才是共同利益背后的动因，即"从交换行为本身中返回到自身"是支配一切的动因。但不顾他人而谋得的个别利益的满足实现，是要被扬弃的个别利益。每个主体只有把自身利益与社会的共同利益统一在一起，才能真正实现自己的完全自由。④

为此，在马克思看来，物化所导致的人的生活的感性化，是通过人的感性活动对需要的满足来实现的，人正是在社会需要的满足中实现自我肯定。人的这种社会需要超越了个人需要和享受的有限性及其所具有的利己主义性质，提升和创造着"同人的本质和自然界的本质的全部

---

① "像野蛮人为了满足自己的需要，为了维持和再生产自己的生命，必须与自然搏斗一样，文明人也必须这样做；而且在一切社会形式中，在一切可能的生产方式中，他都必须这样做。"《马克思恩格斯文集》第7卷，人民出版社2009年版，第928页。

② 马克思认为："首先，互相承认是所有者，是把自己的意志渗透到自己的商品中去的人，并且只是按照他们共同的意志，就是说实质上以契约为中介，通过互相转让而互相占有。其次，每个人在交易中只有对自己来说才是自我目的：每个人对他人来说只是手段；最后，每个人是手段同时又是目的，而且只有成为他人的手段才能达到自己的目的，并且只有达到自己的目的的才能成为他人的手段。"《马克思恩格斯全集》第31卷，人民出版社1998年版，第357页。

③ "所以每一个个人都必须建立这种联系，为此，每一个个人都同样要成为他人的需要和这种需要的对象之间的牵线者。"《马克思恩格斯文集》第1卷，人民出版社2009年版，第322页。

④ "作为自身的手段或自我目的，才能成为他人的手段"；"共同利益只是自私利益的全面性"而已。《马克思恩格斯全集》第31卷，人民出版社1998年版，第358页。

丰富性相适应的人的感觉"。

所以，这种体现人的本质特征的社会需要的满足，不是那种只有在人拥有它时或使用它时的粗劣的"所有、拥有"的感觉；也不是那种"直接的、片面的享受"（这种享受被归结为绝对的贫困），而是以一种"全面的方式"，创造出他全面的、内在的丰富性，实现对自身"全面的本质"的占有。① 在这样一种对私有财产的扬弃而形成的占有中，不仅人的一切需要、感觉、享受和占有都失去了"利己主义性质"，别人的需要、感觉、享受也成了"我自己的占有"②，也使自然界失去了"自己的纯粹的有用性"而成为了对人的有用性，即"人的效用"。并在这种人的能动和人的受动的对象性关系中实现对对象的占有。

所以，马克思指出，只有在这样的全面占有和社会需要的满足中，人才能重新占有自己的社会本质，人的一切感觉和特性才有可能得到彻底解放和实现。因为，对人来说，社会的人的感觉不同于非社会的人的感觉，其活动和享受，无论就其内容或就其存在方式来说，都是社会的，是社会的活动和社会的享受。而在马克思看来，消除了私有制存在的理想社会——共产主义社会就是这样一种"社会"。③

由此可见，在马克思那里，人的社会需要的满足程度取决于人的本质的实现程度、社会发展的程度。人与自然的和解与人在社会关系中的解放，是在对理想社会的追求中得以实现的。人的需要无论怎样变化与发展，无论人怎样地满足自身的需要，人不断追求需要的丰富性和满足需要的理性化，是人实现对社会本质占有的现实的、历史的必然趋向。

---

① 正像马克思说："个人的全面性不是想象的或设想的全面性，而是他的现实联系和观念联系的全面性。"《马克思恩格斯文集》第 8 卷，人民出版社 2009 年版，第 172 页。

② "一切肉体的和精神的感觉都被这一切感觉的单纯异化即拥有的感觉所代替"。是"为了人并且通过人对人的本质和人的生命、对象性的人和人的产品的感性的"满足与占有。"按人的方式来理解的受动，是人的一种自我享受。"《马克思恩格斯文集》第 1 卷，人民出版社 2009 年版，第 189—190 页。

③ "正像社会本身生产作为人的人一样，社会也是由人生产的。活动和享受，无论就其内容或就其存在方式来说，都是社会的活动和社会的享受。自然界的人的本质只有对社会的人来说才是存在的；因为只有在社会中，自然界对人来说才是人与人联系的纽带，才是他为别人的存在和别人为他的存在，只有在社会中，自然界才是人自己的合乎人性的存在的基础，才是人的现实的生活要素。只有在社会中，人的自然的存在对他来说才是人的合乎人性的存在。"《马克思恩格斯文集》第 1 卷，人民出版社 2009 年版，第 187 页。

（三）构建人人平等的社会状态

1. 古代中西方的平等观念

平等观念的产生，根源于私有制，阶级的产生。在原始社会漫长历史时期里，社会生产力水平极低，人们需要依靠集体并通过集体合作的力量来获取维护基本生活所必需的生活资料，那时，人们过着群居集体生活，集体占有生产资料，共同劳动，合作劳动，劳动成果也归集体所有，集体协商分配使用。财富大部分为集体共享，它不能为个人垄断而成为役使剥削他人的手段。一切都是原始自然的，虽然可能有某种程度的平等，但不会产生平等的观念。在原始社会后期，随着生产力的发展，个体生产成为可能，并出现剩余产品，个人对集体的依赖程度也随之降低，家庭和私有制开始形成，并逐步渗透、瓦解原来的生产占有方式。剥削、奴役、掠夺、欺诈、暴力等不平等现象应运而生，此时便有了被剥削、受压迫的人们对平等的渴望，有了关于平等问题的讨论。

中国古代众多学派，儒、法、道、墨诸家都在一定程度提出过平等思想。在儒家学说中，仁是其核心范畴之一。得天下而不以为私的天下为公思想，激起孔子对大同世界的美好向往。大道之行也，天下为公，选贤与能，讲信修睦，故人不独亲其亲，不独子其子，使老有所终，壮有所用，幼有所长，矜、寡、孤、独、废疾者皆有所养。一幅多么美丽的社会图景，体现了孔子平等思想的最高境界。法家提出法不阿贵、刑无等级，自卿相将军以至大夫庶人，有不从王令、犯国禁、乱上制者，罪死不赦。在先秦，道家思想具有一定的平等成分。在道家面前，上帝、鬼神等一类的主宰没有什么权威，它突出人的个体价值，说道大，天在，地大，人亦大，城中有四大，而人居其一焉。先秦时期墨子主张要改变现实社会贫富不均，两极分化的现象，墨子提出的兼爱是爱无差等。尽管社会上存在着贵贱、亲疏、贫富等实际上的不平等，但这并不妨碍人们去以爱相待，倘若人们都能怀着一种普通的人类之爱去从事社会活动，就可以超越客观上的不平等，达到人人平等。

在古希腊，最初的平等观念体现在对不平等的社会关系的调节上。根据亚里士多德的记载，在梭伦生活时期，多数人被少数人奴役，人民起来反抗贵族。梭伦当选为执政官后，通过变更所有制，避免两极分化，以调整贵族和平民之间不平等的社会关系，揭开了一系列政治革命。平等观念在梭伦制定的法律中得到体现。在前人的基础上，古希腊哲学家中最博学的人物亚里士多德系统地研究了平等原则。古罗马的法学家西塞罗则从自然法原理出发，认为真正的法律乃是正确的规则，它与自然相吻合，适用所有的人，是稳定的、恒久的。但罗马人不承认妇女、奴隶和外地人的平等权利。因此，古希腊和古罗马的平等是建立在自由民和奴隶对立的基础上的，谈不上一般人的平等。

2. 近代的平等观念

从 14 世纪到 18 世纪，在西方，资本主义生产关系从封建经济内部不可遏止地生长起来，成长中的新兴资产阶级，作为封建社会内部的革命力量，必然要随自己的经济力量的壮大而发起新的社会运动和思想运动，必然要求用自己的世界观来改造社会，注定成为现代平等要求的代表者。在这些社会运动和思想运动中，西方近代平等观念得以充分体现。

薄伽丘强调，人都是人，人类是天生一律平等的，这是人类最基本的法律。他在《十日谈》中叙述，一位国王之女绮思梦达爱上她的一个侍从纪斯卡多，国王把她痛骂一顿，说她千不该万不该看中一个低三下四的男人，而没有找一个王孙公子。绮思梦达反驳说，你骂我的话，完全是没有道理的，你应该知道我们人类的骨肉都是用同样的物质造成的，我们的灵魂都是天主赐给的，具备同样的机能和一样的效用。我们人类是天生一律平等的。只有品德才是区分人类的标准，凡是有品德的人就证明了自己的高贵，如果这样的人被人说是卑贱，那不是他的错，而是这样看待他的人的错。薄伽丘通过故事的形式否定等级观念，宣扬市民阶级的平等思想。拉伯雷则在其《巨人传》中，通过描绘德廉美修道院展现了一幅自由平等的理想社会情景，体现了新兴资产阶级的迫切要求。资本主义经济生活中的商品货币关系、等价交换原则、价值规律以及劳动力商品的买和卖都要求内在的平等，经济生活中通行的原则要求政治、法律生活中通行的原则与之相适应。

启蒙思想家们则从自然法中得出结论：人人生而平等，这是与生俱来的天赋权利。卢梭重视法律对于实现平等的作用，他说，因为事物的力量总是倾向于摧毁平等的，所以立法的力量就应该总是维持平等。正是在这些启蒙思想家的影响下，平等的观念和理论逐渐为世人所认同，演变为平等权利，并被宣布为普遍的人权。

3. 马克思对理想社会消除不平等的确认

马克思恩格斯根据历史唯物主义不仅指出共产主义的真正平等必将取代资本主义的形式平等，而且还指出了实现平等的物质基础，更重要的是提出了通过消灭阶级实现平等的具体途径。

马克思恩格斯认为，生产力的高度发展是阶级消亡的条件，而平等又以阶级的消亡为前提。马克思恩格斯具体描绘了奴隶社会和封建社会不平等的景象："在过去的各个历史时代，我们几乎到处都可以看到社会完全划分为各个不同的等级，看到由各种社会地位构成的多级的阶梯。在古罗马，有贵族、骑士、平民、奴隶，在中世纪，有封建主、陪臣、行会师傅、帮工、农奴，而且几乎在每一个阶级内部又有各种独特的等第。"等级制度规定了不同等级的人，享有不同社会政治经济地位和相互的权利义务关系。强调阶级差别、强化阶级地位的不平等是奴隶社会和封建社会的一个基本特征。资产阶级虽然声称人生而自由、生而平等，似乎已解决了平等问题，但如前所述，这是一种虚假、形式上的平等。所以在阶级社会，几乎是把一切权利赋予一个阶级而把一切义务推给另一个阶级，对立阶级之间，不可能同等地享有平等的人权。

在马克思恩格斯看来，实质平等与形式平等是对立的两极，在资本主义条件下，不可能实现实质平等，所以要消灭资产阶级。人类发展的历史进程已经证明，平等或者说平等实现的程度如何直接取决于生产力的发展水平。在原始社会，简陋的生产力仅能维持每个人最低限度的生存，而不存在剩余财产的情况下，只能采取平均主义的平等形式；在奴隶社会和封建社会中，生产力有了一定程度的发展，有了剩余财产，但又不可能满足社会每个成员的需求情况下，只能采取等级平等制；在资本主义社会，在生产力有了进一步发展情况下，实现形式上的平等就有了可能。随着生产力的高度发展，真正的平等就可以实现。

因此，马克思恩格斯提出通过消灭阶级作为实现平等的前提和必要条件，实质是消灭无产阶级与资产阶级二者之间的差别和对立，从而使资产阶级主导的形式平等的原则失去制度的保障，这样就为走向实质平等打开了通道。

当今，从马克思主义基本理论、我国社会主义建设实际及世界发展的趋势出发，平等成为社会主义核心价值观的题中应有之义。

党的十八大报告将"平等"作为"积极培育和践行社会主义核心价值观"的重要内容，既表达了我们党在理论凝练与创新上的与时俱进，又反映了我们党在实践拓展与推进上的人文价值追求。

邓小平同志曾指出：社会主义的本质是解放和发展生产力，消灭剥削，消除两极分化，最终达到共同富裕。这就是一个平等的问题。胡锦涛同志在党的十七大报告中一再强调，要增加社会物质财富，不断改善人民生活。"努力形成全体人民各尽所能、各得其所而又和谐相处的局面。"他在十七大报告中多次提到的公平正义，也是个平等的问题。更进一步讲，平等对于保护每个人的权利、调整社会利益关系、调整多元价值冲突以维护社会秩序具有重要的地位和作用，否则，就不能称之为核心价值。

习近平同志号召人们为实现中国梦而努力奋斗，他说，中国人民"共同享有人生出彩的机会，共同享有梦想成真的机会，共同享有同祖国和时代一起成长和进步的机会"。这三个"机会"的强调，阐述的是一种关于机会平等的政治伦理愿景。机会平等作为通往社会正义的路径和原则，在政治伦理的框架当中占有基石般的重要地位。三个"机会"的共享，交叠描述了关乎"分配正义"、"政治参与的机会平等"和"创造制度文明的机会平等"三个维度的社会正义诉求。

让人民"共同享有人生出彩的机会"该怎么做？李克强同志指出的路是"要让人民过上好日子，政府就要过紧日子"，更具体的操作方案是李克强在记者会上公开承诺的"约法三章"：政府楼堂馆所一律不新建；财政供养的人员只减不增；公费接待、公费出国、公费购车只减不增。这是一个务实的态度。现阶段，只有政府的"紧日子"来了，人民的"好日子"才有盼头。"要推动促进社会公正的改革，不断地厘清有碍社会公正的规则，而且要使'明规则'战胜'潜规则'"，这说的正是达成一个民族的中国梦所迫切需要的社会土壤和制度环境。

（四）实现对社会关系的全面占有

马克思把人的生活活动归结为自由自觉的活动，把作为人的自由自觉活动的劳动规定为人的本质，并从体现人的本质力量的对象性劳动及其实现形式出发，把人的本质归结为"社会关系的总和"。① 马克思关于人的本质的这一著名的论断，不仅告诉我们人的本质存在于人的社会关系中，而且揭示了"社会"本身是一个全面的、动态的关系总体。它包括了人的生存和发展的一切历史的、现存的、自然的、社会的条件和关系。人的生存需要的多样性以及由此引起的人的活动的创生性，决定了人的社会属性也是一个全面的生成性过程。人的社会关系的全面性，不仅体现在对人的多样性、多层次性的物质需要的满足，也体现在人不断追求完善的社会关系和人自身精神需求的满足。

这样，马克思从作为人的本质特征"社会关系的总和"出发，逻辑地推断出人对自然关系生成与发展的程度离不开人的社会关系的丰富性以及人对社会关系的全面占有程度。因此，根据马克思把人看作是"一切社会关系总和"这一历史唯物主义的基础观点，要确立"现实的人"的实践、生产、生活之主体地位，不仅从人与自然关系的物质生产中，而且从人与人的社会关系中，把人从动物界提升出来，创造出一种使人成其为"人"的社会制度和社会关系；不是仅仅局限于对金钱、货币等财富的占有，而是使人对迄今为止仍然奴役着、压迫着人的社会关系的占有。

实际上，马克思早在 1843 年 9 月在克罗伊茨纳赫写给阿尔诺·卢格（1843 年 9 月）的信中就谈到自己对哲学使命的看法，他认为，哲学的任务就是在对旧世界的实践批判中去"发现新世界"。② 在《手稿》中马克思把这个"新世界"确定为共产主义社会，指出共产主义社会是通过付诸现存的资本主义社会的矛盾运动，在对现实的私有财产扬弃中，和业已发展的现实的物质基础上得以实现的。从这个意义上，

---

① "人的本质不是单个人所固有的抽象物，在其现实性上，它是一切社会关系的总和。"《马克思恩格斯文集》第 1 卷，人民出版社 2009 年版，第 505 页。

② "新思潮的优点又恰恰在于我们不想教条地预期未来，而只是想通过批判旧世界发现新世界。"《马克思恩格斯文集》第 10 卷，人民出版社 2009 年版，第 7 页。

马克思把共产主义社会作为实现人的解放的理想目标。① 但马克思同时指出，共产主义作为"否定的否定的肯定"这样一种辩证运动，它本身并不是人类发展的终极目标，也不是人类社会存在的完成形式。它只是人实现对自己本质力量的重新占有和人获得解放的"必然环节"和"有效的原则"。

在《形态》和《共产党宣言》中，马克思一再强调不应当把共产主义理解为只是一种观念，或是一种没有根基的理想。从社会历史发展的趋势上看，共产主义是在一定现实历史条件下客观产生的"潜在的实际"、"社会改变的前景"或"社会变革的运动"。并进一步确立了在以实践为中介的现实的共产主义运动中，建立自由人联合体即共产主义社会的实践任务②，并把它作为自己的理论任务来付诸实践，从而论证了马克思在《提纲》中提出的"理论之谜的解答"不在于"解释世界"，问题在于"改造世界"的理论指向和理论使命。

在《政治经济学批判（1857—1858 年手稿)》中，马克思把理想社会中的人看作是具有"自由个性"和"全面发展"的人。③ 在《资本论》中，马克思进一步明确了未来的理想社会——共产主义社会是一个每个个人"全面而自由发展"的社会，并从这一社会原则出发把共产主义社会设想为"自由人联合体"。

从马克思对未来理想社会的描述中，我们可以看出，对于马克思来说，要实现人对自己本质的全面占有，就要消解人的一切异化、一切压迫性的生存状况和境遇，真正地推翻被物化的社会关系。只有将一直统治着历史的客观的异己的社会力量转变为人自身的"固有力

---

① "这种共产主义，作为完成了的自然主义，等于人道主义，而作为完成了的人道主义，等于自然主义，它是人和自然界之间、人和人之间的矛盾的真正解决，是存在和本质、对象化和自我确证、自由和必然、个体和类之间的斗争的真正解决。它是历史之谜的解答，而且知道自己就是这种解答。"《马克思恩格斯文集》第 1 卷，人民出版社 2009 年版，第 185 页。

② "代替那存在着阶级和阶级对立的资产阶级旧社会的，将是这样一个联合体，在那里，每个人的自由发展是一切人的自由发展的条件。"《马克思恩格斯文集》第 10 卷，人民出版社 2009 年版，第 666 页。

③ "建立在个人全面发展和他们共同的、社会的生产能力成为从属于他们的社会财富这一基础上的自由个性。"《马克思恩格斯文集》第 8 卷，人民出版社 2009 年版，第 52 页。

量"，使人从"狭隘的利己主义"的个人转变为"有个性的"和"社会化的"个人，人的社会生活才能真正地由建立在对物的依赖性基础上的"人的独立性"，走向每个人占有自己的社会关系基础上的"自由个性"。只有到了那个时候，社会才真正成为人的本质力量规定的社会。①

马克思这里所说的社会就是共产主义社会。在这样的社会中：一直统治着历史的客观的异己的社会力量，被纳入人的有目的的控制中，个人自己的"原有力量"融合为社会力量而不与自己分开，这种个人力量与社会力量融合的社会条件才是真正"人的生存条件"。马克思把这种"真正人的生存条件"看作是"每一个人的自由发展"成为"一切人自由发展的条件"。②

为此，对于在未来的理想社会中全面发展的个人来说，他们的社会关系就是他们自己的共同的关系，并把这种关系置于自己的共同的控制下，这不是自然产物，而是历史的产物。在这样的社会条件和社会关系下，个体真正的自由和全面创造人与人、人与自然和谐、共生的生活方式就此展开，社会发展进入了把人的世界和人的关系还给人自己，即人自觉地"自己创造自己的历史"的新阶段。人第一次真正从自然和社会制约中摆脱出来③，并在这种社会关系中不断地丰富自己的生活，发展自己的能力，从而创造出人与自然之间的和谐变换

---

① 这种社会是"人向自身、向社会的（即人的）人的复归，这种复归是完全的、自觉的而且保存了以往发展的全部财富"的社会。《马克思恩格斯全集》第 42 卷，人民出版社1979 年版，第 120 页。

② 也只有到了那个时候，人"才最终地脱离了动物界，从动物的生存条件进入真正人的生存条件"，"人终于成为自己的社会结合的主人。"《马克思恩格斯文集》第 3 卷，人民出版社 2009 年版，第 564、566 页。

③ "为了人并且通过人对人的本质和人的生命、对象性的人和人的产品的感性的占有，不应当仅仅被理解为直接的、片面的享受，不应当仅仅被理解为占有、拥有。人以一种全面的方式，就是说，作为一个完整的人，占有自己的全面的本质。"不仅如此，在这种社会中还"创造着具有人的本质的这种全部丰富性的人，创造着具有丰富的、全面而深刻的感觉的人作为这个社会的恒久的现实"。所以，"共产主义才是人的本质的现实的生成，是人的本质对人来说的真正的实现。"《马克思恩格斯文集》第 1 卷，人民出版社 2009 年版，第 189、192、217 页。

关系。①

通过对马克思关于财产、需要、社会劳动、占有等观点的分析和综合，我们不难发现，它们之间内在的逻辑性和历史发展的辩证性，因为人对财产的拥有、人的需要的满足、以社会形式组织起来的劳动不外乎涉及两大关系：以劳动为中介的人与自然的关系和以社会为中介的人与人的关系，但马克思所说的人与自然的关系都是从人与社会的发展关系上加以探讨，不是把人、社会、自然孤立起来看，这里的人是社会关系中的人，自然是人的对象化的自然，人与自然的关系，实则是社会与自然的关系。为此，根据以上对马克思思想的解读，要解决人与自然之间的异化问题，就要解决好人与人的社会关系问题，社会关系的异化必然引起人与自然关系的异化，只有把"轻视人，蔑视人，使人非人化"②的社会制度和社会关系消灭，人才能从这种关系中解放出来，人也就从人对自然的异化关系中解放出来。

所以，我们把对财产的普遍占有、社会需要的满足、人的本质的全面实现等理解为既是扬弃私有财产制度的有效途径和实现方式，也是社会变革的发展趋势和动力目标，是共产主义社会的基本原则和价值指向。

二 以个人自由发展为基础的社会生产的确立

（一）从资本生产力向社会生产力的转化

马克思认为，在展现人的本质力量——劳动过程中，劳动作为"直接的一般活动或社会活动"已经不再仅仅是单纯的直接物质生产过程，而是每一个人以社会生活的创造者的身份来全面地展现自己丰富的、自由自觉的、"生命的再生产过程"，在全面的社会生产劳动过程中每个人"占有现有的生产力总和"，并在对"现有的生产力总和"的占有中实现人对自身社会关系的占有。人的"自由自觉的"劳动和人

---

① "人和自然之间、人和人之间的矛盾的真正解决。"《马克思恩格斯文集》第1卷，人民出版社2009年版，第185页。

② 《马克思恩格斯全集》第47卷，人民出版社2004年版，第59页。

的社会化或社会性的关系相结合，成为马克思把握和展现人类理想社会的基本原则。①

但在资本主义生产方式下，生产的本质是资本的再生产，生产的资本属性决定了人们的一切生产活动都被纳入资本运行的体系中，工业的资本主义应用和以机器为代表的生产资料，成为推动劳动生产力和自然生产力并入资本生产力的最强有力的工具。资本生产力在大工业中为生产、消费扩张创造了条件，而生产上和消费上的扩张最终是以不计任何后果和代价，尽最大可能来实现资本扩张为目的。扩大生产规模，改进工具提高机器的生产能力成为强制性命令，它不仅妨碍着生产资料作为物的作用的发挥和工人自己的劳动的发挥，也阻碍着人与自然物质变换的平衡。

随着资本主义生产方式下资本生产力自身力量的日益增长，对生产力的资本属性的反作用力日益呈现，这种由资本本身产生出来的反作用，随着社会生产力的发展，要求它突破资本的界限和属性的力量也日益强大，资本生产力越来越承受着这种力量对它的限制和挤压②，当这种力量发展到一定程度的时候，资本在它自己创造的生产力的压力下就"失灵"。③ 到那时，以个人的自由发展的基础的社会生产，将代替并超

---

① 马克思认为："要实现这一点，只有由社会公开地和直接地占有已经发展到除了适于社会管理之外不适于任何其他管理的生产力。现在，生产资料和产品的社会性质反过来反对生产者本身，周期性地突破生产方式和交换方式，并且只是作为盲目起作用的自然规律强制性地和破坏性地为自己开辟道路，而随着社会占有生产力，这种社会性质就将为生产者完全自觉地运用，并且从造成混乱和周期性崩溃的原因变为生产本身的最有力的杠杆。"《马克思恩格斯文集》第9卷，人民出版社2009年版，第296页。

② 这种力量要求它"要承认生产力的社会本性的这种日益增长的压力，迫使资本家阶级本身在资本关系内部可能的限度内，越来越把生产力当作社会生产力看待"，"要求摆脱它作为资本的那种属性，要求在事实上承认它作为社会生产力的那种性质。"《马克思恩格斯文集》第9卷，人民出版社2009年版，第294、296页。

③ 正像恩格斯所指出的："把生产资料从这种桎梏下解放出来，是生产力不断地加速发展的唯一先决条件，因而也是生产本身实际上无限增长的唯一先决条件。但是还不止于此。生产资料由社会占有，不仅会消除生产的现存的人为障碍，而且还会消除生产力和产品的有形的浪费和破坏，这种浪费和破坏在目前是生产的无法摆脱的伴侣，并且在危机时期达到顶点。此外，这种占有还由于消除了现在的统治阶级及其政治代表的穷奢极欲的挥霍而为全社会节省出大量的生产资料和产品。通过社会化生产，不仅可能保证一切社会成员有富足的和一天比一天充裕的物质生活，而且还可能保证他们的体力和智力获得充分的自由的发展和运用。"《马克思格斯文集》第9卷，人民出版社2009年版，第299页。

越以劳动作为抽象劳动的价值形式，人们不再是把生产财富作为目标，而是作为自己和无机自然之间进行物质交换的手段，把生产过程转变到自觉而有计划地生产使用价值的自然过程上。在这种转变中，自然生产力和社会劳动生产力不是并入了资本的生产力上，而是由社会的个人占有了社会劳动生产力。这样，直接的物质生产过程回归到以创造使用价值为目的的生产上来，基于交换价值的生产便消亡了。社会个人的自由而全面的发展，成为人们从事生产和创造财富的诉求。每一个人都是社会生活的创造者，在创造性的自由自觉的物质生产活动中全面地实现人对社会关系的占有，① 并在合理调节与控制人与自然之间的物质变换的社会劳动中实现个人自由而全面的发展。②

（二）剩余劳动时间与自由支配的时间由对立走向统一

资本本身总是处在矛盾的过程中。一方面，资本"唤起科学和自然界的一切力量"，运用科学技术的每一个进步来增加有用物质的数量和用途从而扩大资本的投资领域，通过提高劳动生产率，加强资本以最小的代价或无代价实现着对自然财富的利用，以提高资本生产力，进而在提高资本的"扩张能力"下促进着社会进步。同时，资本还在社会生产过程中，以最大的限度运用科学技术的一切手段，减少用于生产财富与增加富裕的劳动时间，为社会的每个成员创造了除必要劳动时间之外的更多的自由劳动时间，显现劳动本身所具有的多样化、创造性和再生性。尽管这不是资本的本意，但资本还是成为了缩减整个社会劳动时间的引擎，为社会成员自身的发展"腾出"可以自由支配的时间创造条件。

---

① "实现自己的充分的、不再受限制的自主活动，这种自主活动就是对生产力总和的占有以及由此而来的才能总和的发挥。"《马克思恩格斯文集》第 1 卷，人民出版社 2009 年版，第 581 页。

② 到那时，马克思认为："当人们按照今天的生产力终于被认识了的本性来对待这种生产力的时候，社会的生产无政府状态就让位于按照社会总体和每个成员的需要对生产进行的社会的有计划的调节。那时，资本主义的占有方式，即产品起初奴役生产者而后又奴役占有者的占有方式，就让位于那种以现代生产资料的本性为基础的产品占有方式：一方面由社会直接占有，作为维持和扩大生产的资料，另一方面由个人直接占有，作为生活资料和享受资料。"《马克思恩格斯文集》第 9 卷，人民出版社 2009 年版，第 296 页。

另一方面，资本的本性，决定了资本是以劳动时间作为财富的源泉和尺度，资本作为衡量"社会结合和社会交往的一切力量"，它客观上创造了更多的自由时间，但又通过资本生产把由劳动造出来的巨大的"社会力量"限制在作为价值创造"所需要的限度之内"①，从而把减少工人的必要劳动时间限制在增加剩余劳动时间上，即体现在剩余价值（价值增殖）的生产中。

所以，资本家通过资本与他人的劳动发生关系并占有他人的劳动时间，从而获得剩余劳动时间的对象化——剩余价值。对资本家来说这一时间是剩余劳动时间，但对工人来说，剩余劳动时间不是工人维持生存所需的劳动时间，而是他自由发展的时间。只要劳动时间是作为财富的源泉和尺度时，可以自由支配的时间则以剩余劳动时间作为对立物存在，工人就不能自由支配时间，他的全部时间都成为劳动时间，并从属于劳动。据此，马克思认为，资本家无偿占有工人的剩余劳动时间，就是"窃取了工人为社会创造的自由时间，即窃取了文明"。②

一旦生产力发展到再也不能被占有他人的剩余劳动的束缚时，直接形式的劳动（或劳动时间）不再是"财富的尺度"，剩余劳动不再是"财富发展的条件"，财富的积累不再是"盗窃他人的劳动时间"，直接的物质生产过程（劳动本身）也就摆脱了"贫困和对立的形式"，以资本为基础的生产便会"崩溃"。③ 到了那时，工人就能够自由地支配自己的劳动时间，剩余劳动为工人自己所占有。这样，提高劳动生产率，节约必要劳动时间，把社会必要劳动时间缩减到最低限度，不再是为了增加剩余劳动时间和提高资本生产力，而是为了增加和创造更多"使个人得到充分发展"的自由时间。这意味着剩余劳动时间与自由支配时间由对立走向了统一。财富的基础不再是盗窃他人的劳动时间，财富

---

① "一方面创造可以自由支配的时间，另一方面把这些可以自由支配的时间变成为剩余劳动。"《马克思恩格斯文集》第8卷，人民出版社2009年版，第199页。

② 《马克思恩格斯全集》第31卷，人民出版社1998年版，第23页。

③ 正像马克思所论证的那样，"生产力和社会关系——这二者是社会个人的发展的不同方面——对于资本来说仅仅表现为手段，仅仅是资本用来从它的有限的基础出发进行生产的手段。但是，实际上它们是炸毁这个基础的物质条件。"《马克思恩格斯文集》第8卷，人民出版社2009年版，第197页。

的生产和创造，社会生产能力的发展最终体现到社会的个人的充分发展上，而社会个人的这种生产能力的发展促进了劳动生产力的发展。[①] 到那时，自由支配的时间决定了财富，节约劳动时间就是人本身的发展。[②]

（三）从自由竞争到个人的自由发展

随着资本主义社会生产力的发展，自由竞争成为资本生产方式的引擎和内驱力，虽然它不仅客观上促进了社会生产力的发展，也给个人的自由发展提供了平台和空间。但自由竞争并不等于个人的自由发展，自由竞争终究是以资本为基础的生产方式下的自由发展，这种建立在资本条件下的自由竞争中的自由，不是个人的自由，而是资本统治的自由，是在资本统治下失去了人的个性的自由。对于失去了生产资料和劳动条件的无产者，他们的自由体现在可以出卖自身劳动力的自由上，自由竞争对他们来说，就是竞相出卖劳动力，在就业与失业的竞争中挣扎，他们的能力和个性被掩埋在他们卑微的生存中；对于资本所有者来说，自由竞争就表现在如何以最少的资本获取更多些的廉价劳动力，如何在对自然无条件的索取中取得对财富的占有。这种以资本为主导的自由竞争，不仅使工人成为了生产的机器，也使资本家本人成了赚钱的机器。在这样的社会生产条件下，个人只能是在局限于纯粹资本条件下或服从于资本运动范围内，才表现为个人的自由。[③]

因此，只要竞争是以资本为基础的生产这一条件不改变，自由竞争就不是像政治经济学认为的那样，是"个人通过单纯追求他们的私人

---

① 才真正成为是"对人本身的一般生产力的占有，是人对自然界的了解和通过人作为社会主体的存在来对自然界的统治，总之，是社会个人的发展"。这是"作为最大的生产力反作用于劳动生产力"的社会生产状态。《马克思恩格斯文集》第 8 卷，人民出版社 2009 年版，第 196、203 页。

② "真正的财富就是所有个人的发达的生产力"，"不再是劳动，而是可以自由支配的时间。"《马克思恩格斯文集》第 8 卷，人民出版社 2009 年版，第 199、200 页。

③ "自由竞争越发展，资本运动形式就表现得纯粹。这种个人自由同时也是最彻底地取消任何个人自由。""采取物的权力的形式，而且是极其强大的物，离开彼此发生关系的个人本身而独立的物。"《马克思恩格斯文集》第 8 卷，人民出版社 2009 年版，第 180、181 页。

利益而实现公共的利益"的最佳形式，也不是"生产力发展和人类自由发展的终极形式"，更不是说"资产阶级的统治是世界历史的终结"。① 亦即说，资本决不能废除一切界限和限制，因为资本本身的历史发展使它在克服同它不相适应的限制的时候，又产生了新的更高的界限和限制，这些界限来自于"它自身的限制"，即受资本自身的"生活条件的限制"。②

据此，马克思在《资本论》中明确提出，人的自由和发展是一个以生产力发展为依据、与社会生产关系状态相联系着的自然历史过程。未来的理想社会——共产主义社会是"一个更高级的、以每个人的全面而自由的发展为基本原则的社会形式"③。并从这一社会原则出发把共产主义社会设想为"自由人联合体"④，在这个"自由人联合体"中，社会成为现实的个人不断实现对自身本质占有、不断获得自由的过程。单个人追求物质利益的个人力量变成社会力量，个人的需要成为人的社会性存在的需要形式，⑤ 而这种社会性存在的需要形式则是人的本质力量的展现，从而凸显了人的劳动的社会意义以及实现人真正的自由自觉活动的社会性质。

马克思把共产主义同人的普遍富裕（个人占有财富的普遍化）和克服人对自然的异化问题联系，雄辩地阐明了资本主义、共产主义通过工业和生产力的发展，在创造财富、增加富裕方面的异质性。⑥ 资本主

---

① 《马克思恩格斯文集》第 8 卷，人民出版社 2009 年版，第 181 页。

② 同上书，第 178 页。

③ 在共产主义社会中，"劳动已经不仅仅是谋生的手段，而且本身成了生活的第一需要"。"社会的每一成员不仅有可能参加社会财富的生产，而且有可能参加社会财富的分配和管理，并通过有计划地经营全部生产，使社会生产力及其成果不断增长，足以保证每个人的一切合理的需要在越来越大的程度上得到满足。"《马克思恩格斯文集》第 3 卷，人民出版社 2009 年版，第 435 页。

④ 按恩格斯在《反杜林论》中对马克思"自由人联合体"的理解，马克思把理想社会看作是一个"按社会主义原则组织起来的联合体"。《马克思恩格斯文集》第 9 卷，人民出版社 2009 年版，第 138 页。

⑤ 人们"用公共的生产资料进行劳动，并且自觉地把他们许多个人劳动力当做一个社会劳动力来使用"。《马克思恩格斯文集》第 5 卷，人民出版社 2009 年版，第 96 页。

⑥ 财产"不再是亲身劳动的个人对劳动客观条件的关系"。《马克思恩格斯文集》第 8 卷，人民出版社 2009 年版，第 147 页。

义生产方式下的私有财产制度，对私有财产（财富）的占有，体现为对异化劳动的占有，对劳动者的客观劳动条件的剥夺，对物质财富的占有成为统治人们生活的终极目的。劳动对资本家来说只不过是获取价值增殖的手段，对工人来说也只是谋生的手段，自然对人来说也已不是人的无机身体，而是人一味地满足自身物质需要的媒介和对象。所以，自然也成了人奴役的对象，人与自然的物质变换，在资本占有劳动的中介下出现了断裂，人与自然异化了。

而共产主义作为扬弃资本主义私有财产占有制度的社会变革运动，就是要使劳动的客观条件为劳动者"实际占有"。实际占有就是使劳动者与这些条件存在着能动的、现实的关系，能够把这些条件变为自己能动活动的条件，从而实现生产资料的社会化和个人占有私有财产（财富）的普遍化，让每个人不仅普遍地富裕，更为重要的是，还要让被资本控制的私有财产所表现出来的异化的劳动重新回归到体现着人的本质力量的对象化劳动上，即由以资本形式出现的私有财产对自然的私人占有，回归到人的自由自觉的劳动对自然的占有。从而使人对财富的占有，成为人对自身劳动的占有，而财富占有和普遍富裕只是手段，自由自觉的劳动活动才是人对自身存在的证明。

为此马克思指出，人的真正的自由王国"存在于真正物质生产领域的彼岸"，它抛去了以直接的物质生产和片面的物质享受这种劳动的"必要性和外在目的"的规定性，改变劳动的社会性质，使劳动活动和财富占有抛开了资本逻辑形式，使"人的能力的发展"成为个人社会生活的目的。个人在创造性劳动中全面地形成"全面发展自己的能力"，发挥"他的全部才能和力量"、实现"人的全部力量的全面发展"。[①] 这种具有全面性的劳动能力，包括人与自然之间进行物质变换的物质生产能力、人与人之间的社会交往能力和人不断提升自我并不断获得自由的发展能力。

---

① "实现自己的充分的、不再受限制的自主活动，这种自主活动就是对生产力总和的占有以及由此而来的才能总和的发挥。"《马克思恩格斯文集》第 1 卷，人民出版社 2009 年版，第 581 页。

三　未来理想社会所展现出的人与自然的关系面貌

人的生存的意义不只是从无限度地满足自己物质方面这一维度来发展自己、实现自己，还要从各个方面追求全面满足的意义上来实现自己的本质力量，在人的现实生活中追求人的全面发展和人与人、人与自然关系的和谐，是马克思一以贯之的价值取向和理论立场。在马克思看来，人的本质特性一是人的"自由自觉的活动"即劳动；二是人与人的社会关系，以劳动为中介的人与自然关系和人与人结成的社会关系，构成了社会生活的全部内容。

（一）从"必然王国"走向"自由王国"

1. 西方哲学史上的自由范畴

关于自由，拉丁文为 libertas，原意是从被束缚中解放出来。在政治法律范畴中，自由是指社会关系中受到保障或得到认可的按照自己意志进行活动的权利。在一般生活用语中是指不受拘束，不受限制。我国的思想家庄子把自由看作"万物与我为一"的境界，这种境界是精神领域的表现，但却不是主观随意的虚构；这种自由既不脱离尘世而又超出尘世，这种精神超越的自由境界，乃是自由的最高境界，是纯粹的、绝对的、不受任何限制的自由。

在欧洲哲学史上，不同的哲学家对自由都有各自不同的看法。德谟克利特认为，个人的最大自由在于他的独立性，在于他能超越社会。但个人的自由同社会的自由是联系在一起的。在柏拉图那里，个人并不是自由的主体。自由的主体是整个社会。亚里士多德把自由的概念同适合目的性紧密地联系在一起。一方面，自由就其最高形式而言是天赋的，因为对真正目的的追求并不服从个人的选择；另一方面，人在自己的行动中，自始至终又都是自由的，因为他是自己行为的主人。而伊壁鸠鲁感兴趣的只是哲学家个人的自由。这种自由就在于合理地选择享乐、精神的安宁以及于逆境中保持坚强的意志。培根认为，知识是人获得自由的手段。斯宾诺莎认为自由在于自由的必然性，自由的问题是能够在认识过程中得到解决的，唯一一条通向自由之路，就是认识之路；无知就要做奴隶；知识的多少决定着自由的程度。费希特认为人们虽然探讨了主体的个人自由，但却不能脱离人类来研究个人的自由，而自由的本质则是在清楚认识必然性的基础上，自觉地服从必然性。黑格尔认为自由并不否定必然，而是在必然的基础上发展起来的。自由的本质不仅是认识中的必然，而且是活动中的必然。每个时代所能达到的对必然的认识，即是自由的尺度。费尔巴哈认为，人只有通过必然才能获得自由，而自由本身则被视为自由的必然。强调人们并非生来就有自由，而是随着对自己本质的认识和自身生存条件按人的本质改变的程度而获得自由的。

　　从哲学基础上看，西方主流自由理论是以唯心主义特别是主观唯心主义为其根本立论根据的。他们从抽象的人性论出发，认为人的本性是人的天然属性，是不变的、固定的、永恒。自由就是人的本性。这种自由是与生俱来的，理所当然的，是上天赋予人的一种权利。这种权利是绝对的、无条件的。他们并不认为自由的精神世界是物质世界的反映，不认为自由的具体价值内涵会随着社会存在的变化而变化。相反，他们认为，自由的价值是一种独立于客观世界的精神规定。

　　在价值导向上，西方主流自由理论是典型的个人主义自由。其所阐述的自由是一种完全从个人自由出发并以个人自由为根本归宿的自由，是一种伸张个人自由权利的自由，完全排斥集体自由。个人是自由的目的，不是手段，个人具有最高价值。自由是个人的价值和尊严。值得注意的是，从大多数人的理论主张看，这种个人主义自由并不等同于极端自私自利的自由，它强调个人在实现自己的自由时，不是"狼吃羊"的自由，至少不矛盾于其他人的自由，有时甚至促进其他人的自由。这一点，亚当·斯密等人关于自由市场经济的观点最为典型。

　　在经济政治制度主张上，西方主流自由思想都维护和保障私有财产。认为私有财产是自由的基础，没有财产自由就没有个人自由。私有财产神圣不可侵犯。与此相联系，在政治上，西方主流自由理论强调限制政治权力在经济社会生活中的作用，对政府在社会中的作用保持一种消极态度，主张宪政民主、三权分立、自由选举。

　　主张道德多元主义。由于认为个人自由是最大价值，在伦理道德上，西方主流自由理论强调没有一个客观的、绝对的善的标准和基础。强调道德的中立性，主张以中立的方式确立一套公认的共同生活规则。

维护消极自由，反对积极自由。从法国著名思想家贡斯当把自由分为古代人的自由和现代人的自由以来，西方对他们所主张的自由的性质和方式进行了大量探讨。以赛亚·伯林在这一基础上，进一步把自由区分为消极自由和积极自由。把人免于外在强制的自由说成是消极自由，把人主动想做什么的自由说成是积极自由。他们主张或维护传统意义上个人自由的基本权利以及相应的制度安排不受侵犯，反对任何组织或政府以自由的名义损害这种自由。

当欧洲从漫长的中世纪苏醒过来后，西方世界迎来一个新时代。而这个被冠之以近代和现代社会之名的社会形态的开始，就是以争取自由作为社会变革的前提条件的。公民自由理论成为资本主义政治意识形态、社会治理方案、个人行动所参照的基本原则，它更多体现出工具化特征，逐渐成为实践方法论，而不再是价值观。对于个人而言，自由意味着权利；对于社会管理机构而言，自由则意味着责任或义务：政府机构不仅要尊重个人自由，而且要设法保护个人自由，为个人自由权利的实现提供保障，是政府设计社会治理方案的基本原则。因此在一个标榜为自由的社会，自由的含义完成了彻底转变：由社会变革争取的目标，变为政府机构治理社会的方法，至此，自由完全工具化，它不再是抽象的价值目标，而是具体的社会治理方法。

以自由看待发展，自由是发展的条件，但是发展的首要目的是为了扩展自由，也就是说，自由为了发展，发展为了自由。作为发展目的的自由，不是作为发展条件的自由，前者是建构性的实质自由，后者是工具性的条件自由，实质自由指的是人们可以免受困苦，诸如饥饿、营养不良、可避免的疾病、过早死亡之类可行能力，以及能够识字算数、享受民主权益与政治参与的生存状态。在这里，自由的含义已经发生变化，成为对于人类生存境遇的关注。自由，意味着人类得到改善的生存状况，在这种意义上，自由是为了发展，发展的目的是人类生存境遇的改善。

就西方社会自由理念的演变历史而言，自由理念不仅是价值观，而且是方法论，自由已经工具化，由价值理性转变为工具理性，如果无视这个事实，而是将自由理念神圣化，奉行自由至上主义，就有可能使自由陷入一个难以自拔的困境：追求自由的行动，却导致了社会普遍的不自由，表现为人对于物的依赖，人的物化，以及资本对于人的解放和发展的反制。

2. 马克思对自由范畴的界定：对自然必然性和社会必然性的控制和把握

在马克思看来，人是在现实需要中实现自由的，对自由的追求只能是根植于实践的实在的自由。在马克思看来，劳动尺度本身在这里是由外面提供的，是由必须达到的目的和为达到这个目的而必然由劳动克服的那些障碍所提供的。但是克服这种障碍本身，就是自由的实现，而且进一步说，外在目的失掉了单纯外在必然性的外观，被看作个人自己自我提出的目的，因而被看作自我实现，主体的物化，也就是实在的自由，——而这种自由见之于活动恰恰就是劳动。人只有在实践（劳动）中，才能实现自己的目的，获得实在的自由。人在实践中获得的实在的自由，并不是随心所欲而为之，而是"必然之中的自由"。所以，人的自由就是实践主体从具体的实践出发，在对象化的活动中，扬弃必然，变革对象，达到必然与自由的统一。

（1）自由是人对物质世界必然性的把握。

自由与对客观世界的本质把握有密切的关系，甚至在一定意义上，自由即意味着对信息的把握。从定性与定量方面看自由，自由意味着自由度，这是一个有着具体的信息的质与量的规定的概念。实际上，信息活动是最能体现人的自由的活动。

人和人类本身就产生于必然之中，而人之所以为人，就在于人所具有主体性、自由性。这就是说，人不会满足生存于必然之中，受其制约和支配，而要驾驭这种必然性。而必然本身的不断被认识、被改造和又继续以其新的内容和形式存在着，就决定了自由只能是一系列程度状态，表现为不同层次的不断发展过程，它不是抽象的，它的内容总是具体的、多样的。显然，对象世界的必然性和"规律虽体现在现象界中，但却没有全部体现出来；它在不同的情况下老是有不同的体现或现实性"。而在人对世界改造性的自由关系中，真理信息是人置身于自身与世界之间的中介。显然，人占有蒸汽磨改造世界的时代的真理信息中介肯定高于人占有手工磨改造世界的时代。科学史上，量子力学对经典力学的替代深刻表明，人对对象世界必然性的观念占有程度，规定于人们所占有的人对客观世界的真理性把握程度和状况。

因此，我们要实现自由，就必然伴随着人及人类对一定的信息的占有。随着这一定的信息，尤其是真理性信息的占有就给人们获得某种具体自由提供了条件。当然，从客体无限存在并不断发展的事实角度看，这种自由也是有度的规定的，而显然自由没有极限度的，自由度是一个无限发展着的，但随着认识不断深化，实践水平的不断提高，主体的认识水平总会不断向这个极限逼近。

（2）自由是对社会关系的占有与互动。

马克思早在《手稿》中就指出，人的自由是对外在自然的必然性和对资本主义社会中的必然性的控制和把握。在资本主义之前的社会历史中，人的活动受到自然的必然性和社会的必然性，即"两个必然性"的制约，资本主义之前的社会是一个必然王国。到了资本主义社会，工人的解放虽然以"政治形式"表现，但不代表工人就获得了解放。① 所以，资本主义尽管使工人获得了政治形式的解放，但并没有像黑格尔所断言的在理性与现实的矛盾解决中，资本主义进入自然王国，人在征服自然中与自然异化，没有获得自由；国家对市民社会来说成了"外在必然性"的力量统治着人、奴役人。

所以，马克思认为，用资产阶级社会中的政治解放来代替人的解放这一观点的具有局限性，强调人的任何解放都是"使人的世界即各种关系回归于人自身。"② 那些"被承担社会的一切重负"、"被排斥于社会之外"、被"戴上彻底的锁链"的劳动者，即无产阶级，他们对资本的反抗及其对资产阶级的斗争，不仅是争取一般意义上的政治解放和经济解放，而是人的解放，即人从物化的社会关系中解放出来和人从异化

① 因为，在资产阶级社会中，一切统治人、奴役人的力量都"包含在工人对生产的关系中，而一切奴役关系只不过是这种关系的变形和后果罢了"。而且，"社会从私有财产等等解放出来、从奴役制解放出来，是通过工人解放这种政治形式来表现的，这并不是因为这里涉及的仅仅是工人的解放，而是因为工人的解放还包含普遍的人的解放。"《马克思恩格斯文集》第1卷，人民出版社2009年版，第167页。

② 《马克思恩格斯文集》第1卷，人民出版社2009年版，第46页。

的自然关系中解放出来。

可以看出，马克思确认人与自然之间物质变换的断裂虽然是资本主义生产方式的必然产物，但并不认为是不可调节的。他在《资本论》中写道：社会化的人，联合起来的生产者，将合理地调节他们和自然之间的物质变换，把它置于他们的共同控制之下，而不让它作为盲目的力量来统治自己，靠消耗最小的力量，在最无愧于和最适于他们的人类本性的条件下来进行这种物质变换。马克思这段话提供了解决人与自然物质变换问题的基本思路和处理人与自然关系的基本原则，那就是人对自然的"合理调整"和"共同控制"。在"合理调整"和"共同控制"人与自然关系的同时，应当更加注重加强对人本身的控制，合理调节人与人、人与社会的关系，密切关注人与自然关系的变化，从而实现人与社会的和谐及人与自然的和谐。马克思还指出，资本主义产生和发展的一个基本条件是劳动与资本的分离和对立，因此，必须变革资本主义制度，使资本主义生产方式及其社会制度被社会主义所取代这一结果必然消除资本对劳动的统治，实现劳动者直接并共同占有生产资料，并在此基础上进行联合劳动，占有只有通过联合才能得到实现，随着联合起来的个人对全部生产力的占有，私有制也就终结了。

正如马克思在《资本论》中指出的，当人们还在继续经历某些自然的必然性和社会的必然性时，人就还存在于"必然王国"中。并明确提出了人获得自由的社会状态。① 他指出，自由王国就是全体社会成员能够共同参与到物质生产活动中去并自觉合理地调节和支配人与人的社会关系和人与自然关系的社会，在这个自由王国里人才能得到全面而自由的发展。所以，个人的全面而自由的发展不仅仅只是指个人层面的发展，而是指一种社会发展原则和社会发展趋势。可见，马克思关于人

① "自由王国只是在必要性和外在目的规定要做的劳动终止的地方才开始；因而按照事物的本性来说，它存在于真正物质生产领域的彼岸。""这个领域内的自由只能是：社会化的人，联合起来的生产者，将合理地调节他们和自然之间的物质变换，把它置于他们的共同控制之下，而不让它作为一种盲目的力量来统治自己；靠消耗最小的力量，在最无愧于和最适合于他们的人类本性的条件下来进行这种物质变换。但是，这个领域始终是一个必然王国。在这个必然王国的彼岸，作为目的本身的人类能力的发挥，真正的自由王国，就开始了。但是，这个自由王国只有建立在必然王国的基础上，才能繁荣起来。工作日的缩短是根本条件。"《马克思恩格斯文集》第7卷，人民出版社2009年版，第927—928页。

的自由具有双重蕴含，它不仅表达人与自然、社会之间的现实矛盾状态的解决，而且表达了马克思的人与自然关系的社会维度具有超越现实性的理想性特征。①

社会主义是对资本主义的超越，是在扬弃资本主义生产方式和上层建筑的基础上产生的人类社会的继续发展形态。因此，社会主义核心价值观，必须超越西方资本主义核心价值观，将自由理念与平等、公正、法治，以及富强、民主、文明、和谐等价值观念深度融合，避免极端自由主义所产生的消极后果。

社会主义的一般本质，是每个人的自由发展、平等发展和全面发展。这一本质在当代中国的实现形式，就是每个人从人和物的依附关系或人的依赖中解放出来，确立独立人格。这就内在地要求改革与创新，只有不断进行改革与创新，打破旧体制的束缚，才能把人从对各种人的依附关系中解放出来。人的全面自由的发展，是社会主义区别于其他社会形态的本质规定，是人以一种全面的方式对自己本质的真正占有，是人的彻底解放，因而，人的全面自由发展，是社会主义国家凝聚民心民力的重要精神力量和精神纽带，是社会主义核心价值观的灵魂和最高层面。

历史发展是新陈代谢的不息过程，每个人的自由全面发展，也是一个由初级阶段向高级阶段不断前进的过程。正因为每个人的自由全面发展，都要受到生产力水准与交往程度的限制，人们的发展就不可能是孤立的行为，它必然与社会和群体的发展紧紧结合在一起。在社会主义初级阶段，促进人民整体素质的提高和全面实现现代化，实现"中国

---

① 正如恩格斯在《社会主义从空想到科学的发展》所描述的："人在一定意义上才最终地脱离了动物界，从动物的生存条件进入真正人的生存条件。人们周围的、至今统治着人们的生活条件，现在受人们的支配和控制，人们第一次成为自然界的自觉和真正的主人，因为他们已经成为自身的社会结合的主人了。人们自己的社会行动的规律，这些一直作为异己的、支配着人们的自然规律而同人们相对立的规律，那时就将被人们熟练地运用，因而将听从人们的支配。人们自身的社会结合一直是作为自然界和历史强加于他们的东西而同他们相对立的，现在则变成他们自己的自由行动了。至今一直统治着历史的客观的异己的力量，现在处于人们自己的控制之下了。只是从这时起，人们才完全自觉地自己创造自己的历史；只是从这时起，由人们使之起作用的社会原因才大部分并且越来越多地达到他们所预期的结果。这是人类从必然王国进入自由王国的飞跃。"《马克思恩格斯文集》第3卷，人民出版社2009年版，第564页。

梦”，必须做到以人为本，进而追求人的自由全面的发展。

每个人对自由都有不同的看法，自由在每个人心目中都有不同的位置。作为现代社会的人，我们应该有自己的自由，但我们同样要遵守这个社会的规范、法律。只有遵守这些规范和法律，社会才能在和平的环境中发展。这种成熟的秩序是文明的表现，是对个人自由的保护。"取义成仁今日事，人间遍种自由花。"坚持走中国特色社会主义道路，我们要朝着"中国梦"曙光初绽的方向奋勇前进，开创祖国更为光明的复兴前景，使每一个中华儿女享受到做中国人的荣耀和尊严，实现"人的全面自由发展"，这也正是"中国梦"的光荣与辉煌。

（二）合理调节人与自然之间的物质变换

马克思在《资本论》中指出："社会化的人，联合起来的生产者，将合理地调节他们和自然之间的物质变换，把它置于他们的共同控制之下，而不让它作为盲目的力量来统治自己；靠消耗最小的力量，在最无愧于和最适合于他们的人类本性的条件下来进行这种物质变换。"① 马克思这里说的"合理调节"人与自然之间的物质变换，显示了马克思对"统治"和"支配"自然最深刻的见解。在马克思看来，"控制"自然的意义在于"控制"人的非理性需求和破坏性的欲望，以"最无愧"、"最适合"的人的需要来调整人与自然的物质变换，从而不让自然"作为盲目的力量"来统治人本身。大工业的发展和科学技术的发明使用，为改进生产条件，提高资本使用的效率进而提高资本生产效率提供了现实的可能性。但无论科学技术和生产力如何强大，它总要受制于自然条件。在《资本论》第三卷中，马克思基于自然是人生存的基础这一事实，他指出，人"不是土地的所有者"，"只是土地的占有者，土地的受益者"。② 马克思这句话精辟地道出，人对自然的"控制"只

---

① 《马克思恩格斯文集》第7卷，人民出版社2009年版，第928页。

② "从一个较高级的经济的社会形态的角度来看，个别人对土地的私有权，和一个人对另一个人的私有权一样，是十分荒谬的。甚至整个社会，一个民族，以至一切同时存在的社会加在一起，都不是土地的所有者。他们只是土地的占有者，土地的受益者，并且他们应当作为好家长把经过改良的土地传给后代。"《马克思恩格斯文集》第7卷，人民出版社2009年版，第878页。

是人类对自身与自然关系的有意识的控制和合理的调节，是以对自然的爱护和理性利用为前提的，而且人对自然的改变是在控制人与自然之间良性循环的物质变换的范畴内。只有这样，人才有可能消除自然"作为盲目的力量"来对人的统治。

随着以科学技术为先导的工业化的发展，人类变革自然的力量进一步增强，人类控制自然的观念和努力在现实中不断得到体现。但是，这也引起了威胁人类生存的生态问题。从这个意义上理解，我们可以把马克思关于"调节"与"支配"人与自然之间的物质变换，理解为是人平衡经济利益与资源利用的过程，也是确定人的主体性和主观能动性的有限性与尊重自然条件的约束性的过程，把控制人与自然之间物质变换成为科学技术的应然。即是说，在当代现时代，当人们对工业化进程中出现的环境问题、资源问题等生态危机进行反思并寻找解决发展问题的途径和出路中，马克思"人与自然之间的物质变换"及"控制人与自然之间的物质变换"思想可以提供理论指导。

（三）人的本质力量与自然力的融合与共生

马克思用"社会化的人"、"联合起来的生产者"、"作为目的本身的人类能力的发挥"等来表达理想社会中个人的存在状态与社会高度融合的生活状态。这种状态在人类的历史之初，也曾经以它特有的形式存在过。马克思在《摩尔根〈古代社会〉》中为我们详细地阐述了人类历史之初的情境："在这一早期的社会状态中，人的个性消失在氏族之中"①，而未来理想社会（即更高级的社会制度）"将是古代氏族的自由、平等和博爱的复活，但却是在更高级形式上的复活。"② 为此，以人的自由发展为组织原则的理想社会决定了促进和展现高度社会化关系中个人的自我发展是社会发展的题中应有之义。

因此，可以这样认为，马克思把一切"统治社会、压制社会的力量变成社会本身的充满生气的力量"③，当作是理想社会的价值诉求。

---

① 《马克思恩格斯全集》第 45 卷，人民出版社 1985 年版，第 416 页。
② 同上书，第 398 页。
③ 《马克思恩格斯文集》第 3 卷，人民出版社 2009 年版，第 195 页。

这一价值是通过变革直至废除资本主义私人占有关系，建立共产主义的社会组织形式来实现的。在以生产资料个人普遍占有的社会生产条件下，社会化劳动与工业、科学技术紧密结合形成了巨大的力量，它不仅使占有和保持一般财富所需要的整个社会劳动时间较少，而且把劳动者的劳动同不断累进的再生产过程科学地联系起来，把财富的增加与人的全面发展科学地联系起来；这时人们作为生计的劳动停止了。到那时，"这个领域内的自由只能是：社会化的人"。① 因为，只有建立在以科学技术为中介的工业化的资本主义生产力发展基础上的共产主义社会，才能使联合起来的个人在社会化劳动与科学技术的结合中，实现着社会力量对自然的占有，以及社会的个人本身的自然力的充分发挥。②

所以，在共产主义社会里，社会中的个人的自我控制和自主能力统一在社会的自我控制和治理中，由社会自主而有计划地调节生产，合理地设计生产与增长财富和增加富裕之间的"科学联系"，内在地呈现出人自身存在与社会的融合；同时，在人同自然之间的物质变换中，超越人对自然单向意志上的控制，减少社会关系的物化和人同自然的异化，在利用资源和运用劳动的最小化中，展示人的本质力量与自然力的融合，使"作为目的本身"的人的能力的全面发展得到充分的实现；人在自然必然性和社会必然性中获得自由，从而达到人和人、人和自然之间的统一与和谐。

由此可见，个人的自由而全面的发展、社会化了的生产力，以及劳动（作为人的第一需要的劳动，可以说就是人的自由个性的直接的、现实的表现）等，都是马克思给予说明的人的本质力量所达到的应然状态，这种人的应然状态与理想社会的价值诉求，以及对对象世界的改造互为表征。人对本质力量的占有和人的自由发展成为未来理想社会的

---

① 《马克思恩格斯文集》第7卷，人民出版社2009年版，第928页。

② 正如恩格斯指出："认识到自身与自然界的一体性，那种关于精神和物质、人类和自然、灵魂和肉体之间的对立的荒谬的反自然的观点。从而尽可能地去控制和调节由于我们的生产行为所造成的自然后果。要实行这种调节，单有认识还不够，还需要对我们的生产方式对我们现今的整个社会制度实行完全的变革。"《马克思恩格斯文集》第9卷，人民出版社2009年版，第561页。

主要标志，而人与自然的和谐创生又是对理想社会和人的历史发展的本质的规定与充分展示。也就是说，只有到了共产主义社会，现实的自由体现在个体的特殊利益与社会的普遍利益的同一性上时，人才真正进入了一个自由的王国，马克思把自己的理论研究就是定位在这一历史任务上。

第六章　马克思人与自然关系社会历史批判的价值所在

马克思人与自然关系社会历史批判思想的理论价值在于，马克思通过对人与自然、社会与自然、人与人之间关系的理论探讨，旨在揭示"控制人与自然之间关系的物质变换"根本上是受生产力与生产关系矛盾运动以及与此相联系的社会制度的制约，生产的社会化与资本主义私人占有的矛盾，才是社会变革的根本动力。

一　马克思人与自然关系社会历史批判思想的理论价值

（一）以工业生产方式为基础对人与自然历史性实践关系进行理论指认

把人与自然的关系首先理解为历史性的实践关系，是马克思哲学的出发点。马克思在《关于费尔巴哈的提纲》中开篇就批评包括费尔巴哈在内的旧唯物主义的直观性，他指出：费尔巴哈不满意抽象的思维而诉诸感性的直观；但是他把感性不是看作实践的、人类感性的活动。仅靠感性的直观并不能理解人与自然的能动关系，要真正实现人与自然的统一，只能是人的感性的客观活动，即体现人对自然能动关系的物质生产活动。因此，作为哲学范畴的实践概念，其首要和基本的内容规定是从人的现实存在，即他们的现实生活关系经由哲学抽象出来的概念。人的主体能动性的发挥既要受到自然制约，又要受到社会条件和社会关系的制约。马克思"人与自然的物质变换"思想正是唯物史观中的实践哲学范畴在工业生产方式下的人与自然、主体与客体实践活动关系的理论指证。

在《布鲁塞尔笔记》的前期研究中，马克思开始关注现代工业生产对变革世界的影响，认识到在现代资本主义商品经济时代，人们面对的整个经济世界越来越多地是工业实践（科学技术）和市场关系的产物，而不是像农业社会自然经济时代中的那些直观的自然对象。在《神圣家族》中，马克思更深刻地认识到，现代社会的整个经济世界都是由人类工业生产直接创造出来的，整个经济世界成为人类的感性实践活动的对象性存在。正如马克思所说：环境的改变和人的活动或自我改变的一致，只能被看作是并合理地理解为革命的实践。人创造环境，同样，环境也创造人。可见，"人与自然的物质变换"思想是资本主义工业（生产方式）下马克思对"人改变环境"这个实践命题的深化，既表明了人对自然的能动性，也揭示了人及其活动在与自然物质变换中受人的物质生活条件和社会关系制约的受动性。在人的历史活动中，作为主体的人和作为客体的环境之间的关系是双向互动的，人的历史的实践活动是环境和人互动关系实现统一的完整体现。

（二）从社会主体性视角对人与自然关系进行逻辑阐扬

马克思在《关于费尔巴哈的提纲》中肯定了全部社会生活本质上是实践的，这就确立了作为人类能动性和主体性的直接体现的实践范畴是与一定的社会关系相联系的。在《德意志意识形态》中，马克思以物质生产作为其理论的直接出发点，指出一切历史的第一个前提就是生产，物质生产是人类实践的首要的、基本的规定。马克思把现实的生产过程归纳为生产的自然关系和由此派生的社会关系两个方面：生产的自然关系，是人与自然之间进行物质、能量交换的劳动过程，是人把自然物变成适合人类需要的能动的生产活动，它构成了人类生存发展的基础。与此同时，在马克思看来，在物质生产的过程中，不仅仅生产出物，即劳动产品，同时还生产出人与人之间的社会关系。从生产过程中引发的社会关系，一旦作为实践生产活动的结果，又变成人们进一步实践和生产的现实条件与前提，使实践具有社会制约性。在《资本论》中阐发的"人与自然的物质变换"思想，正是从经济社会生活层面，对资本主义工业生产方式下的生产力与生产关系矛盾运动的理论概括，从根本上揭示了人与自然关系的物质变换是受生产力与生产关系矛盾运动以及与此相联系的社会制度等历史必然性的制约的。

当今世界生态危机问题已经成为经济全球化过程中不可忽视的问题，处在工业化进程中的中国也不可避免地要面对这一现实问题，如何解读这一问题产生的根源，找寻解决这一问题的更为深刻的哲学方略，是当前学术界探讨的重要问题。马克思的"人与自然的物质变换"思想，从哲学层面，从历史发展的角度，确认了资本主义生产方式下资本逻辑运动对人与自然之间交换关系的破坏的内在关联性，拓宽了人们探索社会主义发展道路的思维空间，为当代生态问题研究提供了一个重要的理论视野。

（三）"控制人与自然关系"为实现人的解放提供了思想指南

从现实历史发展的角度，马克思克服了以直观、自然的方式把生活世界看作一种天然的、自然的世界，马克思人与自然关系中的自然，是指工业文明生产方式下的"现实的生活世界"。对于现实中的个人，在马克思看来，这个现实历史必然性的历史主体，是在现实历史发展的过程中被产生的。在社会历史发展的生产力与生产关系的矛盾运动中，形成了资本主义的历史发展，同时也产生了新的阶级。所以，马克思指出，这种阶级形成全体社会成员中的大多数，从这个阶级中产生出必须实行彻底革命的意识，即共产主义的意识。也就是说，这一新的阶级只有在现实的历史发展过程中，在现实物质生活发展的过程中，才能不断地意识到自己的使命。在马克思看来，以往的哲学家们仅仅反对这个世界的词句，他们绝对不是反对现实的现存世界，这些哲学家没有一个想到要提出关于德国哲学和德国现实之间的联系问题，关于他们所作的批判和他们自身的物质环境之间的联系问题。与他们不同，马克思直接地面对"现实的生活世界"中的现实问题，对"人与自然的物质变换"中出现的断裂，展开对资本主义的现实及其现实生活状态的批判，由此承担起现实批判的理论使命。从这一意义上看，马克思人与自然关系的社会历史批判思想不仅从历史的、具体的人的生活过程角度去研究真正的主体发展道路，而且为其在以后的著作《德意志意识形态》和《资本论》中进一步探讨作为主体的人的解放的价值指认提供了理论支撑。

可见，马克思人与自然关系社会历史批判思想对我们洞察与剖析当代资本主义出现的新问题和新矛盾，强化马克思思想的资本批判向度，引导我们在新的历史条件下进行社会主义实践，实现人与自然、人的解放相统一的马克思思想的价值诉求，提升马克思主义方法论价值，呈现马克思主义的当代意义，提供了现实选择。

（四）反击了马克思自然观存在着"理论空场"的观点

在马克思的思想体系中有没有生态思想，马克思的思想能否给当代生态问题研究提供有效的思想资源的问题上，西方马克思主义有不同的理论观点。以生态中心论为代表的学者批评马克思是一位反生态的思想家；詹姆斯·奥康纳就认为马克思主义存在着"理论空场"，提出重建历史唯物主义。与此相反，约翰·贝拉米·福斯特认为马克思的世界观是一种深刻的、真正系统的生态世界观。

在从生态环境角度对资本主义的批判上，法国学者安德烈·高兹提出了经济理性批判，主张应该用"生态理性"来取代"经济理性"。加拿大学者本·阿格尔对异化消费进行了批判，认为当今资本主义社会生态危机取代了经济危机。在此基础上，詹姆斯·奥康纳提出了资本主义经济危机和生态危机并存的"双重危机"观点。

西方马克思主义学者在人类社会发展处于新的和重要的历史时期，对人类活动所造成的生态危机并由此引发人类生存困境进行了现实反思。但不难看出，它在洞察与剖析现代社会历史变化所引起的当代资本主义的新问题新矛盾中，特别是在揭示全球生态危机的根源与资本主义制度的关系上，正是秉承和发展了马克思关于资本运动逻辑对"人与自然之间关系物质变换"破坏的思想，是马克思批判精神在当代现实的延续。但值得注意的问题是，他们没能把马克思以"控制人与自然之间的物质变换关系"为主导思想的生态思想贯穿始终，所以才会出现西方马克思主义者对马克思思想中有无生态思想的争论。他们要么说马克思是反生态的，在解决当今生态危机、环境污染问题上失去了理论指导价值，要么单纯从生态学角度解释马克思关于人与自然关系的思想，进而试图用生态学马克思主义来取代马克思主义的自然观和历史观。

在当今人类社会发展处于新的和重要的历史时期，马克思人与自然关系的社会历史批判思想将引发人们对人类活动所造成的生态危机及由此造成的人类生存困境进行现实思考和反思，特别是在我国发展社会主义市场经济的过程中，在如何辩证地看待资本和有效地利用资本，如何处理物质生产与环境保护之间的关系，以及在如何促进生态文明建设等重大问题上，这一思想在理论方法和思维方式上的影响都是不可忽视的。从这个意义上说，马克思人与自然关系社会历史批判思想向我们展现的是，马克思主义的研究只有在社会历史现实中，与新的实践、新的现实需要进行对话，才有内在的生命力。

总之，通过对马克思人与自然关系的社会历史内涵与批判、理论价值及实践意义的逻辑指认和阐述，旨在如何运用马克思主义的方法、立场和原则，借鉴西方马克思主义研究的范式和思路，对现实问题、时代问题进行哲学反思。当今的生态问题在很大程度上是由人的活动引起的，生态问题根本上是现代人的活动方式与世界的关系问题，它直接关系着人类的命运。生态问题不是资本主义国家特有的问题，随着我国工业化进程的推进，对资源的开发和利用，也造成了非常严重的环境问题和生态破坏问题，如果只是一般的谈论人与自然的统一性，人要与环境和谐共生，那还只是停留在形而上的层面。我们现在面临的现实问题，如社会主义市场经济条件下利用与限制资本的生态伦理问题，生态文明建设中的技术使用及价值取向问题，特别是在中国特色社会主义事业建设中如何在资本引进与环境安全之间寻找平衡点等问题，都是时代提出的经验性问题，这些问题要真正得到解决，必须对"自然观"、"价值观"等哲学问题进行重新思考，这才是我们关注和研究马克思人与自然关系社会历史批判的价值所在。

二　马克思人与自然关系社会历史批判的方法论价值

任何一种理论、思想、观点的建立和完善都离不开一定的方法，科学的理论与实践有赖于科学方法论的确立。人类社会的发展特别是社会主义的发展问题，是马克思列宁主义理论的重要组成部分。不同的历史条件、不同的历史阶段，都有不同的历史任务，不同的思想方法，不同的发展方式，不同的发展目标。

随着社会主义建设实践的不断深入，特别是在我国进入改革发展的关键时期，在社会总体是和谐的形势下，也出现了一些新的矛盾和问题，如城乡、区域、经济社会发展的不平衡；人口环境资源压力的加大，关系到群众切身利益的问题和矛盾等。绿色与共享发展理念是马克思人与自然关系社会历史批判方法的具体化，是新时期中国共产党中央领导集体在关于我国社会主义发展的一系列重要思想的基础上，立足社会主义初级阶段基本国情，并在结合时代发展的现实需要中，对西方传统发展观进行扬弃与超越，丰富了马克思主义方法论体系，进而为中国特色社会主义发展道路的进一步研究提供了现实的、哲学的方法论。

（一）马克思人与自然关系社会历史批判的总体性方法

把世界看成是一个整体，是马克思人与自然关系社会历史批判的总体性方法的基本点。马克思的这种总体性方法或思想，就是指用总体或总体性的观点来认识、分析、解决问题的方式。同时，马克思人与自然关系社会历史批判的总体性方法还是一种辩证的、总体的关系原则，也是一种方法论。马克思人与自然关系的总体性方法是在反映客观世界整体性的基础上形成的，它表现如下。

首先，自然界是具有整体性的系统存在。在整个自然界的演化过程中，尽管存在着非系统性或反系统性的现象，但是，我们所接触的整个自然界构成一个体系，即各种物体相联系的总体，而我们在这里所理解的物体，是指所有物质的存在。

其次，人类社会是具有整体性的有机存在。马克思运用"社会有机体"概念指出了社会这种整体性：人类社会是一个通过社会结构而构成并随着社会形态的更替而不断进化的有机体。现在的社会不是坚实的结晶体，而是一个能够变化并且经常处于变化过程中的有机体。

再次，自然运动和社会运动之间也存在着一种整体性的关联。自然界是人类赖以生存和发展的基础，只要有人类存在，人类便会为自己的生存和发展而不断地同自然界发生相互作用，自然史和人类史是彼此关联和相互制约的。所以，自然运动和社会运动是两种基本的物质力量，自然界通过劳动形成了一个大的整体。

最后，马克思人与自然关系社会历史批判的总体性方法注重整体与部分的关系。人是自然界长期发展的产物，是自然界的一部分，人类的生存和活动离不开自然界这个大系统的物质、能量和信息。同时人对自然界有能动作用，可以通过有目的的活动变革自然，改造自然，但作为主体的人必然要受到客体的制约，即人在实践活动过程中表现出来的任何一种特定的能动性都必须以某种特定的受动性为依据，是能动性和受动性的统一过程。

可见，马克思人与自然关系社会历史批判的总体性方法贯穿于马克思主义整个自然观和历史观当中，是马克思主义方法论中最基本的科学方法，也是马克思主义哲学方法论体系中的最大成果之一，它不仅为确立和把握马克思主义整体性奠定了科学的方法论基础，而且也是绿色与共享发展理念得以确定的方法论原则。

（二）总体性方法与绿色共享发展理念

绿色共享发展理念是继科学发展观提出的关于什么是发展、如何发展这一思想之后，由以习近平总书记为核心的中国共产党人根据新的时代特征和经济发展新常态的判断所提出的最新发展理念。其方法论核心就是坚持把现实发展作为总体来把握，把我们现在做的事与我们的发展目标结合起来，科学合理地控制人与自然之间的物质变换关系。把作为实践主体的人作为总体来把握，坚持以广大人民群众为中心，坚持从作为一个总体的广大人民群众的立场上看问题，维护广大人民群众的切身利益，解决广大人民群众关心的问题。

绿色共享发展理念是马克思人与自然关系社会历史批判的总体性方法在社会主义建设和发展新的实践中的思想方法再现，是新的历史发展时期中国共产党人对马克思人与自然关系社会历史批判的总体性方法论的具体化运用。绿色共享发展理念作为我们党构建社会主义和谐社会的思想方针，它不仅仅是推进和谐发展的工作方法、观点，而且是我们党坚定不移建设中国特色社会主义的立场，是社会主义建设事业的主要内容，是我们建设社会主义生态文明的行为指南，也是我们现阶段推进全面建成小康社会的工作原则和思想保障。研究探寻马克思人与自然关系社会历史批判的总体性方法论价值，对我们从总体上把握科学发展的内涵，转变思维方式，提高辩证思维和系统思维的能力，以科学的态度分析、认识、解决处理中国特色社会主义阶段及其发展过程中出现的一系列问题具有重要意义。

（三）绿色共享发展理念对西方传统发展观的扬弃与超越

从西方传统的发展观看，许多西方资本主义国家在进行工业革命和工业化进程中，把发展经济、促进经济快速增长作为其发展的指导思想，而忽视环境、资源与社会发展的关系，现代西方发展观克服了传统发展方式的局限性，提出可持续发展道路。

人类社会从最早的远古时代发展到现在，从掌握和控制自然力的角度上看，人与自然相互作用的演变大约经历了四个不同的历史时期：原始社会的发展、农业文明的发展、工业文明的发展、后工业文明的发展。在这一漫长的历史发展进程中，人越来越强大，人类所创造的工具越来越先进、神奇，人类利用和控制自然的能力范围也日益扩大，对大自然的破坏也逐步显现出来。特别是随着工业文明的开始，人类掌握自然力进一步提高，同时给自然界的发展演化带来了很多问题，如生态失调、环境恶化、资源匮乏、耕地减少、陆地沙漠化、江河湖海污染、大气污染、温室效应、酸雨侵蚀等。西方这种传统的把单纯发展经济、促进经济快速增长作为发展的指导思想，而忽视环境、资源与社会发展关系的发展观给人类社会发展带来困惑，并使人类生存的条件面临着严重的挑战，人们开始对发展历程中传统行为和观念进行再认识，对工业化道路进行反思。一方面，发展是必须的，否则就无法满足当代人的需要；另一方面，自然环境必须保护，否则就会危害后代人满足其需要的能力，从而把保护环境和发展经济是同一个问题的两个方面。

由此可见，马克思人与自然关系社会历史批判的总体性方法，为在建设中国特色社会主义事业中处理社会发展与个人发展脱节问题，统筹城乡发展不平衡问题，经济发展方式与自然承受力断裂等问题，以及探索实践绿色共享发展理念提供了现实的、哲学的方法论价值。

绿色共享发展理念作为现阶段我国社会发展的指导原则，把物质再生产、人力再生产和自然再生产看作是相互依存、相互促进又相互制约的统一体，从经济、社会、资源与环境（生态）这个密不可分的有机系统出发，以人民为中心，促进自然、经济、社会和人之间的协调发展，其方法论就是把各个方面的发展不看作是相互孤立的要素功能，而是看作一个系统的整体功能发挥作用，从而综合、系统和辩证地进行社会主义发展历程的认识和实践。

绿色共享发展理念顺应时代发展的现实需要，在坚持马克思主义总体方法论的基础上，吸收西方发达国家在工业化发展过程中的历史经验和教训，从历史和时代发展的角度，对西方发展观进行扬弃和超越。这一新的发展理念凸显了 21 世纪我国发展的要求、发展的方式、发展的目的，把追求经济的增长转变为追求经济、社会、自然环境的和谐发展和人的全面发展；同时把眼前利益与长远利益、当前任务与远大目标结合起来，坚持可持续发展观，使社会发展成为一个多维度的综合范畴，是马克思人与自然关系社会历史批判的总体性方法的实践运用。

马克思人与自然关系社会历史批判的总体性方法有助于认清我国社会主义初级阶段发展过程中出现的人与自然关系问题、社会矛盾及其性质。在社会主义初级阶段，人与自然关系问题、社会矛盾以及所采取和实施的政策与方略从形式上看与资本主义有相似之处，但它们有着本质的差别。把握马克思人与自然关系社会历史批判的总体性方法论原则，能使我们结合整个社会历史环境，把社会的发展作为总体加以考察，把社会主义初级阶段出现的一些现象、问题、矛盾放到社会主义整个发展过程中来分析，有针对性地解决社会主义建设与发展过程中出现的新的实际和现实问题，真正认清社会主义的本质、阶段、前途等问题，认识在社会主义建设中应当发展什么、如何发展，从而把握社会主义的发展规律、社会主义发展特征及社会主义发展目的。

只要把这些问题、矛盾及采取的政策放到当今世界的整个环境中加以考察，放到社会主义初级阶段中加以考察，放到整个社会主义发展历程中加以研究，而且联系社会主义的历史、现实和未来来进行思考，我们便会清楚地发现，社会主义初级阶段发展过程中出现的人与自然的不和谐、人与人之间出现的矛盾和社会问题与资本主义有本质的区别，从而帮助我们厘清思路，坚定社会主义信念。

马克思人与自然关系社会历史批判的总体性方法有助于提高我们辩

证思维和系统思维的能力，让其成为我们观察问题、解决问题的思维方式。我们只有用这一方法论来武装我们的头脑，才能使我们在社会转型时期和世界形势日益变化与复杂的背景下，辩证分析解决社会主义建设事业中的问题与矛盾。把发展主体、发展对象置放于多重结构和复杂关系中，才能避免思维的片面性、孤立性和静止性，走向辩证思维，从而把社会主义初级阶段的发展方向、发展方式与体现社会主义本质及其发展归宿结合起来，把社会主义初级阶段的发展目标与以人的全面发展、实现远大目标紧紧地联系在一起。

（四）马克思人与自然关系社会历史批判思想的时代化向度

马克思主义时代化的共时性向度和历时性向度，是新的社会实践发展的需要，也是马克思主义时代化的内在要求。所谓马克思主义时代化，就是以马克思主义的立场、观点和方法作为我们行动的指南，用马克思主义的科学理论指导我们正在进行的实践，并用在实践中丰富和发展起来的新的理论成果来指导实践的历史过程。这就要求我们从共时性和历时性上把握马克思主义时代化的向度。即从历史语境中提出问题，对马克思主义文本进行当代性解读，彰显马克思主义时代化的理论向度；用马克思主义理论反思时代提出重大的理论和现实问题，形成富有时代内容和特色的马克思主义理论新成果，是马克思主义时代化的发展向度；着眼于中国现实，用当代中国的马克思主义指导中国特色社会主义实践，是马克思主义时代化的现实向度；把握时代脉搏，推动马克思主义的发展，是马克思主义时代化的世界向度。

遵循这一思想方法，根据马克思主义内在的理论品质和诉诸实践的本质特征，我们应该从共时性和历时性中，从理论、发展、现实、世界四个维度开展研究，才能真正把握马克思人与自然关系社会历史批判思想的时代化向度，真正理解马克思人与自然关系社会历史批判的思想精髓对现时代的实践价值。

1. 在共时性与历时性中展现马克思人与自然关系社会历史批判思想的理论向度

共时性的马克思主义时代化，是指在当代同一时代背景下，不仅把研究中国的实践及现实问题纳入马克思主义的视野中，而且把研究世界社会实践、世界性问题及成果价值纳入马克思主义视野中。马克思主义时代化的共时性，是现时代马克思主义时代化一个重要的特征。马克思人与自然关系社会历史批判思想的共时性向度，就是在立足中国现实社会发展状态、发展特点、发展需要的同时，又要把握世界发展的脉搏，研究当代世界发生着的巨大变化，提出新的实践探索中所产生的新问题。即不仅研究中国特色社会主义理论与建设问题、建设社会主义和谐社会等中国的现实问题、还要把经济全球化问题、资本主义与社会发展关系问题、生态问题、资源问题等世界性问题，纳入马克思主义的视野，用马克思主义的立场、方法、原则来回答和处理时代给我们提出的新课题、新挑战，从中引出应有的结论，给出科学的回答；同时，在与当代各种思潮、新观念、新思想、新学说、新理论比较与碰撞中，吸取和改造其中一切有价值的东西，在此基础上形成富有时代内容和特色的马克思主义理论新成果，使马克思主义适应时代发展变化。

历时性的马克思主义时代化，与马克思主义时代化的共时性向度有所不同。马克思主义时代化的历时性是对它前面具体时代性的历史承接，同时又是在历史承接上的超越，因为它并不来自某个理论或某种文本，而是来自现实生活本身；它深深地扎根于变化着的时代中，不是面向过去，而是立足现实和着眼未来，与时代共呼吸，与时代共发展，是一个历史活动过程。马克思主义之所以赢得世界历史性的意义，就是因为它是吸取和改造人类思想和文化发展中一切有价值的东西形成起来的，马克思主义时代化的这种历时性，使马克思主义从它的来源、创立的那天起，一直发展到今天，马克思主义时代化的历时性脚步就没有停止过。从马克思主义对人类社会基本矛盾的揭示，到对人类社会发展规律的科学把握；从对实践的唯物主义的开拓，到对科学社会主义的论证；从使社会主义从空想变为科学，到从科学走向实践，无不与时代共生成，无不与时代赋予它的历史使命紧密地结合在一起。历时性马克思主义时代化向度决定了既要从历史语境中提出问题，对马克思主义文本进行当代性解读，展现马克思人与自然关系社会历史批判思想时代化的理论向度。又要着眼于中国的现在、未来，并在寻踪世界发展的趋势中揭示时代发展规律，用发展着的马克思主义指导实践，推动社会的发展。

任何哲学都不是凭空想象的，而是时代精神、民族精神的反映，都是自己时代的精神上的精华。理论条件的承袭性，决定了不同时代、不同社会条件下的人自觉或是不自觉地在一定的理论基础上展开新的探索。某一时代人的存在方式和这个时期发生的社会事件，必然使这一时期的社会意识打上与其相适应的时代烙印，正像马克思在《德意志意识形态》中所阐述的，意识在任何时候只能是被意识到了的存在，而人们的存在就是他们的现实生活过程。所以，致力于马克思主义的研究，必须以准确、全面地理解马克思经典文本为基础，但如果只醉心于文本的解读和阐释，把所有现实问题都归结到马克思主义中去解答，无视能使马克思主义保持长久生命的精神实质和理论品格，无视时代和中国社会发展的需要、对中国还有世界发展形势漠不关心，这样的研究及其理论成果一定是没有生命力的。一切划时代的体系的真正内容都是由于产生这些体系的那个时期的需要为基础的。是以阶级关系的历史形成及政治的、道德的、哲学的以及其他的后果为基础的。

因此，对马克思主义文本的时代性解读，在于从历时性和共时性上去把握。一方面，应该从当时的形势需要出发去阐明马克思思想中的哲学内涵，还要从社会历史背景中去审视马克思思想的理论品质；另一方面，还要从新的时代境遇和学术条件下探求其理论内涵和理论品质。这就要求我们紧密结合当代社会实践和时代的发展，包括当代国际共产主义运动的新变化，科学技术的新进展，来开展马克思主义文本研究，在分析、研究、阐释马克思主义文本内涵、理论方法、原则立场等基础上，从当代角度科学地解读马克思主义理论资源中契合当今时代内容的理论体系，并在新的历史条件下和新的时代变迁下深入发掘、提炼、总结出马克思主义对现时代社会实践科学指导的时代蕴含和现实价值。

当今各种思潮，特别是西方马克思主义把马克思与西方某些重要思潮（如黑格尔哲学、精神分析、生命哲学等）结合时，也是马克思主义理论批判精神在当代历史中的延续。但都是对共时性状态下社会历史变化所造就的新的实践产生的重大现实问题的提出和回应，如当代世界的经济全球化问题及由此引起的政治文化冲突问题、现代科学技术革命所带来的一系列现代性问题、资本主义制度内在固有的矛盾所引起的经济危机及其影响的问题、发展中国家经济发展模式问题等，我们应该深入研究，围绕这些问题而展开的当代思潮，特别是那些研究马克思主义和社会主义的思潮和流派，这对发展马克思主义具有重要意义。

2. 共时性和历时性下把握马克思人与自然关系社会历史批判思想的发展向度

用马克思主义理论反思时代提出的重大的理论和现实问题，形成富有时代内容和特色的马克思主义理论新成果，是马克思时代化的发展向度。马克思关于资本主义历史命运和科学社会主义的确立之结论，从理论上看是一个科学的历时性的命题，但从现实实践上看，特别是 20 世纪以来，社会主义或在落后或在发展中的国家，如苏联、中国的确立，使得资本主义与社会主义成为共时态的存在，有着共时性的规定。由此决定了在用马克思主义理论反思时代提出的重大理论和现实问题时，要体现马克思时代化的共时性与历时性的统一。

我们现处在并长期处在社会主义初级阶段，在社会主义市场经济占主导地位的经济关系中，虽然阶级与阶级对抗消失了，但还存在着资本关系，资本、商品、劳动等范畴在社会主义市场经济中仍起着重要作用。面对时代提出的重大现实问题，如经济发展与贫富差异问题、市场经济与公平问题、人的生存方式和人的发展问题、生态问题、经济发展的不平衡问题等，以及对当代资本主义发展趋势及发展规律的再认识的问题、当代中国社会主义发展阶段的问题、世界历史理论即全球化理论与建立社会主义市场经济关系问题、执政党建设经验的理论探索与实践发展问题等。对这些实践问题和理论问题的提出、解答，为马克思主义的研究和发展注入了新的时代内容。特别是改革开放以来，在资本主义与社会主义作为共时性存在的状态下，中国共产党人以马克思主义的原则立场和批判精神，立足中国社会发展的实际，批判地吸取借鉴资本主义文明发展的时代成果，形成了一系列富有时代内容和特色的马克思主义理论新成果。被看作是在新的历史条件下马克思主义中国化又一伟大理论成果的中国特色社会主义理论体系，就是以现实的、动态的眼光去观察和理解世界，分析和预见世界的发展变化，从新的时代高度对马克思主义时代性、动态性把握的新的理论成果，也是具有共时性又有历时性的马克思主义时代化的产物。

3. 共时性和历时性下马克思人与自然关系社会历史批判思想的现实向度

着眼于中国当前现实，用当代中国的马克思主义指导中国特色社会主义实践，是马克思主义时代化的现实向度。列宁曾经强调，应用马克思主义时代观认识时代特征和概括时代主题，对于政党和国家制定决策具有十分重要的意义：只有首先考虑到各个时代的不同的基本特征（而不是个别国家的个别历史事件），我们才能够正确地制定自己的策略；只有了解了某一时代的基本特征，才能在这一基础上去考虑这个国家或那个国家的更具体的特点。

任何一种本质都来自笼统的概括，都不足以蕴括一切现象，解释一切事实。每一个时代的理论思维，都是一种历史的产物，它在不同的时代具有完全不同的形式，同时具有完全不同的内容。正如马克思自己所说：他一定要把我关于西欧资本主义起源的历史概述彻底变成一般发展道路的历史哲学理论，一切民族，不管他们所处的历史环境如何，都注定要走这条道路……他这样做，会给我过多的荣誉，同时也会给我过多的侮辱。因此，推进马克思主义时代化，从共时性上，一方面，着眼于中国当前的现实，这里所谓的现实，是指中国的具体实际，既包括中国的历史和文化实际，也包括中国当前的社会现实实际，即中国现在的社会性质、所处的阶段，生产力发展状况、价值追求和价值目标等，用在总结我国社会主义建设经验、国际共产主义运动经验基础上形成的、经过中国的社会主义革命和建设及改革开放的实践中得到检验，并证明是科学的当代中国的马克思主义来指导我们正在进行的中国特色社会主义的伟大实践；另一方面，对于当代各种思潮的理论研究成果，特别是以马克思主义、社会主义为研究对象，在不同的社会历史条件和思想文化背景下，形成的各种思潮和思想，我们要用马克思主义的立场和原则加以鉴别、区分和比较，在交流和撞击中，在新的实践中，吸取思想养分，破除对马克思主义的教条式理解，澄清它附加在马克思主义名下的各种错误观点，从而全面准确地把握马克思主义的基本精神。

4. 共时性和历时性下马克思人与自然关系社会历史批判思想的世界向度

把握时代脉搏，推动马克思主义的发展，是马克思主义时代化的世界向度。当前，和平与发展是时代的主题，经济全球化及由此带来的社会政治和文化的一系列变化成为当今时代的主要特征之一，全球范围内人们的普遍交往和各国的相互依存关系已充分表现出来。正像马克思在《德意志意识形态》中提出的世界历史理论，资产阶级，由于一切生产工具的迅速改进，由于交通的极其便利，把一切民族甚至最野蛮的民族都卷到文明中来了。它的商品的确价格低廉，是它用来摧毁一切万里长城、征服野蛮人最顽强的仇外心理的重炮。它迫使一切民族——如果它们不想灭亡的话——采用资产阶级的生产方式；它迫使它们在自己那里推行所谓的文明，即变成资产者。一句话，它按照自己的面貌为自己创造出一个世界。当然，马克思也引论出，以生产力普遍发展的大工业为基础和与之相联系的人们之间的世界交往为前提的世界历史的开创，为作为世界历史性存在的共产主义创造了条件。

当代的全球化空前地改善了人类生存和发展的条件，极大地推动了人类社会的进步。当代的全球化为各地区、各国家、各民族的社会经济发展都提供了前所未有的机遇，特别是为一些后发展国家的现代化创造了有利的外部环境。但也给整个人类的生存和发展带来了一系列的问题，如环境问题、能源短缺问题、人与自然问题等。尤其是各个地域、民族、国家之间各种形式的矛盾和冲突不断发生，特别是在政治、文化、意识形态上的分歧和争夺一刻都没停止过。如何围绕时代主题，在准确把握时代特征中，吸取现代文明成果，推动马克思主义的发展；如何批判地吸收人类精神财富和文明成果，特别是体现社会和文化变迁的、具有很强时代感的现代西方哲学理论中合理的因素，关注研究那些最有独创性、启发性和代表性的思想和观点，按其哲学思维的内在逻辑，追寻其提出带有时代特征的现实问题和解决问题的特殊思路，从而在思考和解决中国现代社会发展问题中得到启示与借鉴，是实现马克思主义时代化的内在要求。

从以上分析，我们可以看到，从共时性和历时性上对马克思人与自然关系社会历史批判的时代化向度进行把握，对我们全面认清与洞察马克思人与自然关系社会历史批判的主旨，为我们在新的历史条件下，把握马克思批判的本真精神，运用马克思主义基本的原则、立场、方法指导我们的实践，解决时代提出的理论问题和现实问题，提供了理论价值。同时，在现实的社会历史进程中，为如何根据时代发展的需要，在解决时代提出的新问题和新矛盾中，提出新思想、新观点、新理论，新的研究方法和理论发展的新模式上，提供了一个理论视角和现实选择。

三 马克思人与自然关系社会历史批判思想对江西绿色发展的启示

伴随着现代经济发展与资源需求矛盾的日益凸现和环境污染的日益严重，越来越多的国家对"大量生产、大量消费、大量废弃"的粗放型经济增长方式进行反思，强调资源利用最大化和污染排放最小化的绿色经济逐渐成为许多国家提高经济效益、避免环境污染、重新规划产业、实施可持续发展战略的必然选择和重要保证。面对我国资源、环境日益紧张的状况，以有效利用资源和保护环境为主旨的生态文明建设和绿色发展已成为中国建设节约型社会过程中必不可少的一种全新的经济发展模式。一方面，我国人均资源相对不足，现在又处在资源消耗较多的工业化中期阶段，资源需求量与日俱增；另一方面，由于增长方式粗放，经济结构不合理，资源消耗量大，在社会生产和生活的各个领域浪费严重，更加剧了资源供应紧张的状况，它标志着中国的生态环境已经发生了某种整体性的危机。如何消解发展与环境的尖锐冲突，实现可持续发展，成为十分紧迫的问题。而我国近年提出的树立科学发展观、构建和谐社会、建设资源节约型和环境友好型社会等一系列发展战略，是对自身过去经济增长方式和经济运行模式的转变，也是对工业发达国家过去所采取的"转移、转嫁"战略的跨越。

正是在这样的大背景下，江西在进行工业化和城市化进程中，如何立足省情，发展绿色经济，提高资源利用率、缓解资源短缺和减轻环境污染压力，加快江西经济发展，走江西新型工业化之路，实现经济持续快速发展目标，是我们所要思考和深入研究的一大课题。

（一）江西经济发展的现状

江西自古物华天宝，人杰地灵，拥有丰富的土地、人文资源、富余的廉价劳动力资源以及广阔的市场潜力。但从目前总的情况来看，江西正处于工业化的初期末向中期转变的阶段。发展不平衡，技术层次不高且参差不齐，市场发育不足，产业格局处在变动中。尽管是农业大省，但不是农业强省，农业占的比重大，现代化程度低；工业规模较小，且传统工业占主导地位；高科技产业虽然发展迅速，但整体规模不大；第三产业占的比重较大，但占主导地位的是传统的第三产业，金融、流通、旅游、信息服务等新兴第三产业发展规模偏小。而且，值得注意的是：在整个经济发展过程中，更多的是注重对自然物质和能源的开发，对资源的利用常常是粗放的和一次性的，在生产加工和消费过程中又把污染和废物大量地排放到环境中去，通过把资源持续不断地变成废物来实现经济的数量型增长，导致了许多自然资源短缺与枯竭的问题，并酿成了一定的环境污染后果。

根据这种经济发展态势，江西省委省政府提倡解放思想，开拓创新，大力改善投资环境，尤其是软环境，加上江西基础教育良好，能提供充足、廉价、熟练的劳动工人，而自然资源又较为丰富，这为江西招商引资，成为区域制造中心创造了条件。

同时，根据国家产业政策调整方向和趋势，沿海地区，服装、食品、工艺品等劳动密集型加工业实行内迁是必然趋势。所以，把江西建成沿海发达地区的"三个基地、一个后花园"的战略构想，就是充分利用自己的区位优势，为江西成为沿海发达地区资金、技术、产业梯度转移的最佳承接地带创造条件。这为江西不失时机地结合自身的区位、资源优势，大力发展食品、服装、电子、矿产品加工等劳动密集型产业提供了难得的机遇。但也带来了阻碍经济发展的深层次问题，企业普遍存在"三多三少"现象，即：科技含量低的粗加工产品多，科技含量高的深加工产品少；平销产品多，畅销产品少；低档次产品多，高档次产品少。在利润的驱使下，小煤窑、小钢铁、小水泥、小造纸、小纺织，遍地开花，不仅使稀缺的资源遭到浪费和破坏，而且使环境严重恶化。这表明我们还没有脱离传统的增长模式，没有走出传统的工业化道路。这就使得我省的经济发展与工业化、信息化和现代化的发展要求存在相当大的差距。

在产业结构方面，那些属于产业链末端的加工工业，成为主导产业和支柱产业。这些产业的特点是高物耗、高能耗、高污染、低附加值、劳动密集型。这种外向型的以加工贸易为主体的产业结构和粗放的经营方式相结合，导致高投入、高消耗、低效益。这种发展模式有一定的短期效应，如：增加了就业、得到了外汇、引进了外资等。但是，这种发展模式如不适时转型，经济发展将受制于人，工业化进程决不能完全寄希望于招商引资。此外，当前生态环境总体趋势不容乐观、城市生活垃圾无害化处理率较低、农村畜禽粪便和水产养殖污染以及农药化肥的不合理使用导致农村环境问题日益严重。诸多事实证明：传统的高投入、高消耗、高排放、低效率的增长方式已经走到了尽头。不加快转变经济增长方式，资源难以为继，环境难以承受。

（二）发展绿色经济是江西走新型工业化之路的必然选择

以有效利用资源和保护环境为基础，把清洁生产和废弃物综合利用融为一体的绿色经济，本质上是一种生态经济，也是以市场驱动为主导的产品工业向以生态规律为准则的绿色工业转变的一次产业革命，是人类克服环境污染、资源短缺困难，追求可持续发展的思想产物。

与传统经济相比，绿色经济的不同之处在于：绿色经济倡导的是一种建立在物质不断循环利用基础上的经济发展模式。绿色经济模式不只是考虑单一产品的生命全过程（从资源到产品到废弃物），更要考虑整个经济系统生产与消费的全过程。以最大限度利用进入系统的物质和能量，提高经济运行的质量和效益，获得尽可能大的经济效益和社会效益，从而使经济系统与自然生态系统的物质循环过程相互和谐，使资源能够多次利用和环境得到有效保护。也就是说在经济得到长足增长的同时，又能缓解和控制环境不断恶化的状况，真正有效地实现环境保护与经济的协调发展。可见，绿色经济概念的提出，更新了环境在经济中的位置，使环境由一个外部性因素、制约因素，变为经济健康发展的内在要素，是我们实施可持续发展战略的经济模式选择。

从绿色经济与经济活动的成本和效益关系上看，绿色经济不只是形式上的物质变换与循环，更重要的是成本的高效益与多效益。如：回收产业是传统经济体系中的弱势产业，而在绿色经济体系下该产业已经成为新的经济增长点。而且，绿色经济的实施可以降低可能出现的成本风险。另外，由于绿色经济延伸和链接了生产和消费过程之间的物质链，可以丰富经济活动内容，增加就业人口，促进社会经济的繁荣与发展。

鉴于此，在我们工业化的进程中，建立和发展绿色经济是我们江西走新型的工业化道路的必然选择。坚持现实需要与持续发展相结合的原则，在开发利用自然资源时，要保护自然尤其是重视生态的问题，保持生态平衡，尽量提升生态环境质量，使工业化进程建立在生态经济系统的良性循环基础上。

（三）江西工业化进程中发展绿色经济的途径

首先，立足省情，遵循工业化的一般规律，又要依据国际政治经济环境发生的深刻变化，推进经济结构的战略调整。传统产业在今后一定时期内仍然是江西工业特别是乡镇企业发展的比较优势，并具有广阔的国内市场和国际市场。在结构调整过程中，必须加快运用高新技术和先进适用技术改造传统产业的步伐，把发展高新技术产业和传统产业、技术密集型产业和劳动密集型产业、提高劳动生产率和扩大就业的关系理顺。推动低消耗、低污染、高效益产业的发展，促进节能节材型现代工业体系的构成；大力发展环保产业，认真实行清洁生产，逐步实现以清洁生产和资源节约为目标的新型产业结构，从而把工业发展逐渐纳入绿色经济发展的轨道。

其次，依靠科技进步增强资源节约与综合利用的能力。在工业化进程中，要大力发展绿色经济离不开科技进步，没有科学技术支撑的节约型社会是十分脆弱的。

当前要把电力、冶金、造纸、纺织等行业和企业的节水、节油、节电和治理废水、废气、固体废弃物的技术改造当作重点，研究和开发适合江西省情的节能技术和产品，提高资源和能源的利用效率。同时加快资源节约的新技术、新产品和新材料的推广，把科学技术的最新成果尽快应用于资源利用、环境保护和生态建设上。当然，如果不顾国情、省情，不顾政治、经济、文化背景，而一味地引进先进经验，缺乏这种发展模式的现实依托，就起不到预期的效果。

再次，加强资源消耗管理，实现资源的高效循环利用。对钢铁、有色、石化等重点行业的能源、原材料、水等资源消耗管理，实现能量的梯级利用和资源的高效循环利用。对冶金、造纸、印染等污染重的行业，要提高废渣、废水、废气的综合利用率；积极推进废钢铁、废有色金属、废纸、废旧家电及电子产品等的回收和循环利用。同时，加强资源开采管理，实现资源的保护性开发。统筹规划矿产资源开发，规定有环保要求的资源开发准入条件，制定资源开采中废水处理、废物合理堆放的标准，从开采源头上防止污染产生。

最后，增强民众促进绿色经济发展和加强环境保护的意识。发展绿色经济是一项系统工程，不仅需要各种新技术作为支持，更需要政府的扶持政策、企业的自身努力，也需要提高广大社会公众的参与意识和参与能力。为了提高大众的环保意识，可通过学校教育、报纸、网点及其他舆论传媒加强对循环经济的社会宣传与教育，以增强民众促进循环经济发展和加强环境保护的意识。鼓励居民积极参与各类环保活动，抵制过度包装等浪费行为，大力提倡绿色消费，等等。通过对循环经济的宣传、教育，使与发展绿色经济密切相关的生态环境保护和资源节约活动逐步变成民众的责任意识和自觉行为。

总之，发展绿色经济是江西工业化进程中的必然选择，但对于如何从制度层面防止污染产生，污染物产生后如何治理以及减少其危害，构建节约型的产业结构和消费结构，还有待于我们进一步探索。

结　　论

综合以上对马克思人与自然关系思想的发生逻辑、社会历史视域下的人与自然关系实践性生成及其社会历史批判的文本解读，得出以下结论。

第一，马克思对自然的理解不是从人之外的自然界出发，寻找抽象的客观性，也不是从自然界之外的人出发，去寻找抽象的主观性；而是以"现实的个人及其存在"为基础，从人对自然的对象性活动（实践）出发，把对自然的理解融入对历史以及人的社会实践的理解中，即从人的现实生活过程，去建立人与自然的关系，人与人的社会关系。这不仅把人与自然关系的发生推进到社会历史层面，同时也把人对自然的关系看作是社会历史的现实基础，从而突破了以往把"把人对自然界的关系从历史中排除出去了，因而造成了自然界和历史之间的对立"的传统观念，克服了旧唯物主义把人放在自然界旁观地位的局限，从而为社会历史观奠定了科学的自然观的基础。

第二，马克思把人的感性的、对象性活动看作是通过工业活动和商业活动的人的本质力量的表现和确证。在这一意义上，指认人的对象化活动具有物化的性质，是人全面占有自身本质力量的必要环节，对于人的存在与发展具有历史的必然性。但同时强调社会在人与自然对象性关系的中介作用。当人的对象化活动，即对象化劳动与资本主义的私有制结合在一起时，对象化就具有了异化的性质，对象化劳动就转向了异化劳动，最后以资本统治的形式，由人与人的社会关系的物化拓延到人与自然关系的异化。所以，人的活动的对象化与异化与否，取决于人与人之间的社会关系的性质和状态。

可以这样理解马克思关于社会与人的对象性活动在人与自然关系生

成中的作用：如果说，展现着人的本质力量的对象性活动游离于人与自然的张力之间，决定了人与自然关系的走向的话，那么，与人的对象性活动处于同一层面，同样作为人的本质特性的社会，将决定了人与自然关系发展的方式与样态，它们是人与自然关系发展的同一过程的两个方面，又在人的现实的、历史的生活过程中得到统一。所以，必须回到客观的社会历史生产过程之中，通过分析具体的人与人的社会关系才能真正破解人与自然的关系问题。

第三，与以前的旧哲学"用脚走路"还是"用头走路"这种传统形而上学的哲学区分方法来抽象地谈论人与自然的关系问题不同，马克思从人的对象性实践活动，即工业和商业活动出发，阐发由资本统治而引起的生产方式的变革及对人的生活世界的改变。一方面，以工业为基础的资本主义生产方式给资产阶级社会的发展带来了无穷的动力。自然不再被看作是"自为的力量"，而被看作是人的活动对象，作为有用之物而"服从于人的需要"。另一方面，马克思看到了由资本主义的生产方式而造成的人与人、人与自然关系的紧张，看到了改造以资本逻辑推动的工业和社会结构的必要性。并从私有制、异化劳动以及资本之间的内在关系和它们的经济事实出发，阐明了人与自然的关系问题，最终根源于人与人的社会关系问题，人与自然关系在资本主义发展阶段上的异化，是人与人之间社会关系异化的表现。而人与人的这种紧张关系源于异化劳动、资本与私有制，逻辑地指认了人与自然之间的真正和解，在于对以资本为基础的私有制的最终扬弃。进而确证了以追求人与人、人与自然和解为价值理想的共产主义社会具有历史的必然性，这是马克思人与自然关系思想与旧哲学的最重要的理论分野。

第四，马克思从现实的人的存在出发，说明人与自然的关系不能脱离人与人的社会关系，有其特定的社会历史意蕴和批判指向。马克思通过对资本主义社会关系的批判，努力展现社会变革的历史语境中所涉及的人与自然关系的问题，论证人与自然关系问题的解决是受社会关系状态制约的，揭示不合理的社会形态下人与人之间的不和谐关系是导致人与自然关系恶化的社会根源。在此基础上，提出只有变革资本主义社会制度，才能使人获得自由和解放，人与自然关系的和解与人与人的和解是同一个社会历史过程。这一思想体现了马克思把改变世界与人的解放结合起来的理论旨归，也是马克思把人与自然的关系放置于唯物主义历史观的视阈中来探讨的根本意义所在。从这个意义上说，马克思对科学社会主义的研究，是从研究人与自然关系开始的。

第五，马克思将人与自然关系置入社会历史领域中来探讨，所具有的真实意义在于，马克思不是将唯物主义当作一个"不依赖现实关系的"现成的概念运用到历史中去，而是从实际生活过程中人与人的社会关系来追问和阐释人与自然的关系状态。由此凸显了马克思在人与自然关系这一哲学基本问题上的革命性质，以及建立在这一哲学基本问题上的历史任务，即立足于人的感性世界的感性活动，植根于资本主义社会的现实，在改造世界中"使现存世界革命化，实际地反对并改变现存的事物"的实践指向。所以，如果把马克思关于人对自然的能动关系思想，仅仅只从主体角度把它理解为人对自然的占有和对自然界的单向改造，或是只从客体的角度来看待人与自然的关系问题，而没有从改造压制人、奴役人的社会关系的立场上给予讨论，也就是说没有把当下的环境问题、生态危机问题置于历史唯物主义的基础上给予考量。显然，这样的理解没有真正把握马克思人与自然关系思想的精髓。

第六，根据马克思将人与自然的关系问题最终根源于人与人的社会关系问题的观点，人与自然紧张关系问题的最终解决，有赖于社会制度整体结构的彻底变革。但是，现阶段资本主义经济—政治制度在全球占据主导与优势地位，在这样的社会结构制约下的物质生产实践与交往方式决定了在当前及未来很长一段时间内的人与自然关系紧张，而人们能够做的只是在目前经济—政治制度下缓解这种紧张关系。

第七，在今天的全球化和市场化的发展进程中，不仅发达国家的发展服从于资本的逻辑，越来越多的发展中国家在一定程度上被卷入由资本力量和市场机制推动的世界体系中，人类依旧受到资本逻辑的统治，资本所造成的不平等、不人道的现象更加多维地表现出来。而且，在资本统治权力和资本追求利润的驱使下，资源日趋紧缺、环境污染日益严重、生态系统退化的形势越来越严峻，全球性的生态危机给人类的生存和可持续发展带来的一系列现实和理论问题日益彰显。

在全球化的背景下和新的历史语境中，我们仍然可以看到，马克思从社会历史领域审视人与自然关系的独特视界，以及以改造世界为己任，关切人类社会发展和人类命运的批判理论，对我们如何历史地看待资本主义统治的新形式，全面地反思人类新的发展危机和生存困境，以及如何摆脱这种危机和困境等关乎人类命运的重大问题，仍然具有理论的解释力和实践指导力。

正处在经济全球化和工业化进程中的中国，在进行中国特色社会主义事业建设过程中，同样面临着物质生产、环境保护、社会公平的关系问题，对任何一方面的偏倚都会引起社会或者生态的不平衡。党的十八大把生态文明建设放在突出地位，提出把生态文明建设融入经济建设、政治建设、文化建设、社会建设各方面和全过程。为此，我们应该比以往任何时候都更加需要拓展在人与自然关系领域中的理论问题和现实问题的研究，更需要马克思主义人与自然关系思想的指导。特别是在我们进行社会主义市场经济实践中，在尊重市场经济发展的历史必然性的基础上，在充分利用资本促进社会发展的同时，如何发挥制度优势，克服和抑制资本逻辑所造成的各种消极后果；如何在资本引进与环境安全、资本效益与社会公平之间寻找平衡点，如何评价经济发展目标中的价值取向与重新认识自然界对人类生存发展的多重意义和价值等问题，是我们必须面对和需要解决的重大课题。对这些问题的思考与回答不仅是理论问题还是现实问题，需要进一步深入研究。

参考文献

[1]《马克思恩格斯选集》（第1—4卷），人民出版社1995年版。

[2]《马克思恩格斯文集》（第1—10卷），人民出版社2009年版。

[3]《马克思恩格斯全集》（第1—50卷），人民出版社1956—1985年版。

[4]《列宁选集》（第1—4卷），人民出版社1995年版。

[5]《毛泽东选集》（第1—4卷），人民出版社1991年版。

[6]《邓小平文选》（第1—3卷），人民出版社1994年版。

[7]《江泽民文选》（第1—3卷），人民出版社2006年版。

[8]《科学发展观重要论述摘编》，中央文献出版社2009年版。

[9] 李惠斌、叶汝贤主编：《当代马克思主义研究丛书》（第1—10卷），社会科学文献出版社2006年版。

[10] 顾海良：《马克思主义的历史命运》，吉林人民出版社1996年版。

[11] 庄福龄：《马克思主义史》（第1—4卷），人民出版社1996年版。

[12] 顾海良：《马克思主义发展史》，中国人民大学出版社2009年版。

[13] 黄楠林：《马克思主义哲学史》，高等教育出版社1998年版。

[14] 高清海：《哲学的创新》，吉林人民出版社2007年版。

[15] 张一兵：《马克思主义哲学的历史原像》，人民出版社2009年版。

[16] 张一兵：《回到马克思》，江苏人民出版社2009年版。

[17] 孙正聿：《哲学通论》，人民出版社2010年版。

[18] ［英］戴维·麦克莱伦：《马克思传》，中国人民大学出版社2006年版。

[19] ［英］阿诺德·约瑟夫·汤因比：《历史研究》，曹未风等译，上海人民出版社1966年版（1986年重印）。

［20］［德］奥斯瓦尔德·斯宾格勒：《西方的没落》，陈晓林译，黑龙江教育出版社 1988 年版。

［21］［美］詹姆斯·奥康纳：《自然的理由》，唐正东、臧佩洪译，南京大学出版社 2002 年版。

［22］［匈］格奥尔格·卢卡奇：《历史与阶级意识》杜章智、任立、燕宏远译，商务印书馆 1999 年版。

［23］［英］罗宾·柯林武德：《自然的观念》，吴国盛、柯映红译，华夏出版社 1999 年版。

［24］［美］约翰·贝拉米·福斯特：《马克思的生态学——唯物主义与自然》，刘仁胜、肖峰译，高等教育出版社 2006 年版。

［25］［德］尤尔根·哈贝马斯：《理论与实践》，郭官义、李黎译，社会科学文献出版社 2004 年版。

［26］［美］卡洛林·麦茜特：《自然之死》，吴国胜译，吉林人民出版社 1999 年版。

［27］［德］马克斯·霍克海默：《批判理论》，重庆出版社 1989 年版。

［28］［美］赫伯特·马尔库塞：《自然和革命》，转引自《西方学者论〈一八四四年经济学哲学手稿〉》，复旦大学出版社 1983 年版。

［29］［德］A. 施密特：《马克思的自然概念》，商务印书馆 1988 年版。

［30］［美］埃里希·弗洛姆：《在幻想锁链的彼岸》，张燕译，湖南人民出版社 1986 年版。

［31］李成旺：《马克思哲学革命的文本学解读》，中国社会科学出版社 2008 年版。

［32］刘君栩：《资本与生产力关系的哲学审视》，中央文献出版社 2005 年版。

［33］俞吾金：《历史事实和客观规律》，《历史研究》2008 年第 2 期。

［34］段忠桥：《质疑俞吾金教授关于"实践唯物主义"的两个说法》，《马克思主义与现实》2008 年第 12 期。

［35］张艳国：《恩格斯与唯物史观命题》，《马克思主义研究》1995 年第 9 期。

［36］刘曙光：《社会形态的发展与自然历史过程》，《中南工业大学学报》（社会科学版）1999 年第 6 期。

［37］ 李杰、冯晓妍：《人类历史的发展是一个自然过程——恩格斯论人类历史运动的形式》，《学术探索》2009 年第 4 期。

［38］ 聂锦芳：《唯物史观的理论视域和现实旨归——再读〈德意志意识形态·费尔巴哈〉中"未誊清稿Ⅰ"》，《河北学刊》2010 年第 7 期。

［39］ 任琳：《马克思劳动思想的历史唯物主义新解及其现实意义》，《实事求是》2013 年第 3 期。

［40］ 吉田宪夫：《〈德意志意识形态〉中异化论的扬弃和物象化论的奠基》，《南京大学学报》（哲学、人文科学、社会科学版）2005 年第 9 期。

［41］ 王南湜：《〈德意志意识形态〉中的分工和异化理论》，《南京社会科学》2005 年第 10 期。

［42］ 边立新：《人的解放：马克思主义的真谛》，《科学社会主义》2013 年第 8 期。

［43］ 时家贤：《马克思恩格斯的工业化理论及其当代启示》，《当代世界与社会主义》2011 年第 12 期。

［44］ 娄金洋：《马克思恩格斯生态危机思想研究》，《生产力研究》2012 年第 11 期。

［45］ 杨耕：《从必然王国向自由王国的转变与从片面的人向全面的人的发展》，《中国高校社会科学》2013 年第 5 期。

［46］ 彭立威：《马克思恩格斯视野中人格与自然相互关系的现实与理想》，《哲学研究》2011 年第 10 期。

［47］ 王喜满：《马克思的自然—社会新陈代谢观及其启示》，《新疆社会科学》2011 年第 11 期。

［48］ 刘仁胜：《马克思关于人与自然和谐发展的生态学论述》，《教学与研究》2006 年第 6 期。

［49］ 邵腾、张翔：《马克思的资本的历史极限理论研究》，《马克思主义研究》2005 年第 10 期。

［50］ 任洲鸿：《试论马克思的资本历史使命理论及其当代意义》，《当代经济研究》2011 年第 10 期。

［51］ 胡大平：《马克思最初遭遇生产力问题的语境、理论逻辑和意义

（上）——兼论马克思文本解读的若干原则》，《人文杂志》2005 年第 9 期。

[52] 钱厚诚：《马克思实践观的存在论意蕴——以"现实的个人"为出发点的考察》，《南京航空航天大学学报》（社会科学版）2013 年第 6 期。

[53] 杨学功：《如何理解马克思的自然观》，《江汉论坛》2002 年第 10 期。

[54] 余源培：《生态文明：马克思主义在当代新的生长点》，《毛泽东邓小平理论研究》2013 年第 5 期。

[55] 刘荣军：《财富、人与历史——马克思财富理论的哲学意蕴与现实意义》，《学术研究》2006 年第 9 期。

[56] 周树智：《论马克思的实践唯物主义新世界观——六评黄楠森先生的"辩证唯物主义世界观"（下篇)》，《文化学刊》2011 年第 7 期。

[57] 余乃忠：《"人化自然辩证法"的"人化"之伪——兼与俞吾金教授商榷》，《贵州社会科学》2011 年第 8 期。

[58] 王海锋：《论历史唯物主义的世界观》，博士学位论文，吉林大学，2010 年。

[59] 陈文珍：《马克思人与自然关系理论的多维审视》，博士学位论文，湖南师范大学，2012 年。

[60] 方锡良：《马克思自然观研究》，博士学位论文，复旦大学，2011 年。

[61] 王毅：《马克思自然概念研究》，博士学位论文，吉林大学，2008 年。

[62] 蔡成效：《人与世界关系的实践基础之沉思》，博士学位论文，武汉大学，2004 年。

[63] 高云涌：《社会关系的逻辑》，博士学位论文，吉林大学，2006 年。

[64] 孙强：《社会关系维度的哲学沉思》，博士学位论文，复旦大学，2003 年。

[65] 郑杰：《作为生活范畴的劳动》，博士学位论文，吉林大学，

2012 年。

［66］李成保：《社会发展中的主体境遇》，博士学位论文，中共中央党校，2013 年。

［67］罗骞：《论马克思的现代性批判及其当代意义》，博士学位论文，复旦大学，2005 年。

［68］陈宝： 《资本·现代性·人》，博士学位论文，复旦大学，2007 年。

［69］代俊兰：《马克思人类解放理论及当代价值》，博士学位论文，南开大学，2010 年。

［70］张玉荣：《寻找时代的精神家园——重新确立自然的本体论地位》，博士学位论文，吉林大学，2009 年。

［71］闫何清：《财产、制度与人》，博士学位论文，中共中央党校，2011 年。

［72］王丹：《马克思主义生态自然观研究》，博士学位论文，大连海事大学，2011 年。

［73］杨卫军：《马克思的自然观及当代价值》，博士学位论文，华中科技大学，2009 年。

［74］解保军：《马克思自然观的生态哲学意蕴及现代意义》，黑龙江大学，博士学位论文，2001 年。

［75］John Bellamy Foster, Brett Clark, and Richard York. Critique of Intelligent Design（New York：Monthly Review Press, 2008）.

［76］John Bellamy Foster. "Marx's Ecology in Historical Perspective". International Socialism 96（Autumn 2002）：71 - 86.

［77］Fred Magdoff and John Bellamy Foster. What Every Environmentalist Needs to Know About Capitalism. New York：Monthly Review Press, 2011.

［78］Perry Anderson. Considerations on Western Marxism. London：New Left Books, 1976.

［79］Benton, T. 1989. Marxism and Natural Limits：An Ecological Critique and Reconstruction. New Left Review, 178：51 - 86.

致　　谢

本书是以我的博士毕业论文为蓝本而形成的，也是我多年从事马克思主义理论研究的方向性成果。本书成稿前的博士论文的选题、框架设定、内容提炼、论点把控、论据的逻辑推演、经典文本与文献资料的有机糅合等都得到了吴倬教授、艾四林教授、赵甲明教授、韦正翔教授、刘敬东教授的悉心指导与点拨。特别是我的博士生导师吴倬教授，他的言传身教及博学多才让我终身受益，没有导师丰富的学术视野、睿智的学术观察力和深邃的理论洞察力的引领，也就没有此书的出版，在此表示真诚的感谢并致由衷的敬意。

同时感谢朱安东老师、李成旺老师、冯务中老师、吴俊老师、王贵贤老师、朱慧欣老师、张静老师、吴丹老师，以及马克思主义学院全体老师和同窗们的热情帮助和支持！特此致谢。

最后我要感谢我的母亲，是她用柔弱的肩膀、深浓的母爱撑起了我的家，她面对困难挫折的强大内心，对人的宽厚礼合和对己的恪律与坚守，让我懂得什么是爱，如何爱人、爱己、爱我们这个生活的世界，母亲这种对爱的表达已融化到我的灵魂里，化作了我的精神力量和人格魅力的追求。我也要感谢我的丈夫和儿子，有他们的支持和鼓励，我才得以安下心来做这项工作。

本书分别得到江西省哲学社会科学重点研究基地"江西国家生态文明先行示范区建设制度研究中心"和我工作的学校东华理工大学科技创新团队"马克思主义生态理论与生态文明建设制度研究"的资助。也是江西省社会科学研究规划项目"马克思资本主义生态批判思想及其当代价值研究"（14KS04），江西省教育厅人文社科项目"马克思人与自然关系的社会内涵与当代价值研究"（MXS1301）的阶段性研究成果。